시작이 어려운 그대에게

당신을 움직이게 할 8인의 여성 창업가 이야기

시작이 어려운 그대에게

박주현 · 홍재원 · 조인아 · 황나겸
장효선 · 김우정 · 한가나 · 김수영
지음

PURPLESHIP

추천사

우리는 살아가기에 역경을 마주할 수밖에 없습니다. 그것을 극복하는 가장 좋은 방법은 자신을 깊이 이해하고 강점을 발견하는 것입니다. 그 다음은 자신의 강점을 활용하여 어떤 삶을 살고 싶은지를 정의하고, 실험과 시행착오를 통해 앞으로 나아가는 것입니다.

이 책은 누구나 겪는 삶의 아픈 중력을 내면의 강점과 실행으로 극복해 낸 변화 주도자들의 이야기입니다. 저자들은 인생의 어려움과 변화에 직면했을 때 누구의 조언이나 성공한 사람들의 방법을 따르기보다 먼저 자신에게 질문하라고 말하고 있습니다. '내가 가진 힘은 무엇이고, 그것으로 어떤 삶을 살고 싶은가?' 이 질문에 머무르라고 말입니다. 이 책은 변화를 원하면서도 시작이 어려운 독자들에게 성장의 통찰력과 영감을 제공할 것입니다.

김희진 _ 주식회사 와우디랩 상무, (전) 대웅제약 본부장

취업을 위해 고군분투하고 있는 젊은이들, 가정과 육아로 경력이 단절된 여성들, 유리천장은 뚫었지만 은퇴를 마주하며 100세 시대를 살아가야 하는 베이비붐 세대들까지 어두운 현실과 불확실한 미래로 무언가 시작하기에는 불안함과 두려움이 큽니다.

여기 8명의 저자들은 각자가 겪어야 했던 어려움과 이를 극복해 가는 과정에서 어떻게 새로운 길을 찾아내고, 한 걸음씩 성장을 해왔는지 진솔하게 써내려갔습니다. 그리고 진정성 있는 자신의 이야기를 통해 지금이 시작할 때이고, 누구든 시작할 수 있다는 동기를 부여하고 있습니다. 이 책을 통해 독자는 어떤 상황에 있든 무언가 할 수 있고, 무엇이든 시작할 수 있다는 용기와 함께, 한 걸음 내디딜 수 있는 내면의 자아를 찾을 수 있게 될 것입니다.

김현경 _ 한양사이버대학교 마케팅학과 교수, 마케팅학과장 및 MBA 전공주임

초행길은 불안과 두려움으로 가득합니다. 알고 걷는 길은 준비라도 할 수 있지만, 모르고 걷는 길은 불안과 두려움이 더욱 거세게 불어 닥칩니다. 일과 삶의 장르가 다른 8명의 창업가가 모여 집필한 에세이 《시작이 어려운 그대에게》는 8가지의 다른 색의 삶을 경험할 수 있는 안내서 같습니다. 그러니까, 먼저 창업

의 길을 걷고 있는 선배들이 뒤에 올 후배들에게 전하는 창업 인생 길라잡이 책이라고 할 수 있겠습니다. 지금 불안과 두려움으로 시작을 망설이는 분들에게 주저하지 않고 추천합니다.

김영휴 _ 씨크릿우먼 대표, (전) 대전세종충남여성벤처협회 회장

새로운 꿈을 가지고 나아가는 길에 혼자 남겨진 것 같고 뒤처진 것 같다면 《시작이 어려운 그대에게》를 꼭 기억하세요. 열심히 생각하고, 고민하고, 행동하며 살아가는 작가님들의 모습이 큰 격려와 힘이 될 것입니다. 실제 창업을 하고 회사를 꾸려가고 있는 저도 이 글을 읽으면서 많이 생각하고 배웠습니다. 꿈은 아름답습니다. 꿈을 꾸고 앞으로 나아가는 여러분은 더욱 아름답습니다. 우리의 뇌는 꿈이 가리키는 방향을 향해 나아가려는 속성이 있습니다. 이 책은 주저하지 말고 열정을 가지고 꿈이 가려는 방향으로 노를 저으라고 말해줍니다.

윤은영 _ 주식회사 뉴로공간 대표

책을 읽는다는 것은 다른 사람의 인생을 들여다보는 것과 같습니다. 만일 이 글을 읽는 당신이 인생의 파도를 만나거나 길을 잃고 헤매는 중이라면 이 책을 읽기를 권합니다. 새롭게 일을 시작할 때 느낄 수밖에 없는 어려움과 막막함을 이겨낸 8명의 여성

창업가의 이야기를 통해 지혜를, 용기를, 위로를 받을 수 있을 것입니다.

최다은 _ 260만 크리에이터, 놀잇 CEO

장효선 대표가 기획한 〈여성 창업가, 작가가 되다〉 프로젝트의 강연자로 참여하였습니다. 프로젝트에서 《시작이 어려운 그대에게》의 저자들을 처음 만났을 때 호기심 가득 찬 맑은 눈동자들을 보았고, 전혀 인연이 없던 사람들이 한자리에 모여 함께 대화하려는 열망을 느꼈습니다. 그리고 솔직 담백하게 자신들의 이야기를 가감 없이 수록한 원고를 보고 한차례 더욱 깊은 인상을 받았습니다.

자신들의 개인적인 경험을 숨김없이 드러낸 본서는 여성들이 실행해야 할 'problem-solving'의 출발점으로서 너무나 훌륭한 역할을 해주고 있다는 찬사를 보냅니다. 전 세계 여성들 그리고 한국의 여성들이 공통으로 갖고 있는 'problem'이 무엇인지 그리고 'problem-solving'을 위해 필요한 것들이 무엇인지 잘 보여주고 있기 때문입니다.

책에서 사용하는 창업이라는 단어의 의미는 'business start-up'뿐 아니라 인생에서의 새 출발인 're-start'를 포함하여 아주 넓은 영역에 걸쳐 있습니다. 여성들은 전략적으로 'on and offline' 커뮤니티를 만들어야 하며, 시행착오와 그에 따른 시간 낭비를 최소화하기 위해 프레임 밖에서 세상을 한눈에 볼 수 있도록 도와주는 멘토가 필요합니다. 궁극적으로 여성들은 '무조건 변화에 적응하는' 객체에서 벗어나 '바람직한 변화를 만들어 가는' 주체가 될 수 있습니다.

시작이 반입니다. 본서를 통해 본 프로젝트에 참가한 여성들은 대화와 협력을 시작했고 변화의 주체가 될 수 있는 경주를 시작했습니다. 많은 독자가 《시작이 어려운 그대에게》를 읽으면서 새로운 변화를 만들어 내는 큰 움직임에 동참하기를 기대해 봅니다.

Seha S.P. Park _ K-WEL (Korean Wave Edu Link)

이 책은 사업을 시작하거나 사업을 하고 있는 사람에게 필요한 이론 이야기를 하지 않습니다. 다만, 실전에서 느낄 수 있는 살아있는 사업 이야기가 잘 정리되어 있습니다. 인생도 사업도 성공하고 싶다면 반드시 읽어야 할 필독서입니다.

김규열 _ 다점포성공시스템연구소 대표, 낙원갈비집 대표

읽는 내내 감동의 눈물을 흘렸습니다. 이분들의 스토리가 시작하기가 어려운 사람들에게 불러일으킬 엄청난 파장이 보였기

때문이었습니다. 여성 사업가를 꿈꾸는 이들이라면 무조건 이 책을 사야합니다. 이들의 시행착오와 성공담을 발판 삼아 안전하게 사업을 시작할 수 있는 계기가 될 것입니다.

김서한 _ 1인 CEO협회 대표, 비즈니스모임 얼라인웍스 대표,
유튜브 발전소 공동창업자

차례

추천사	4
프롤로그	12

스타트업 비지니스 /

해피엔딩 — 박주현

강하고 단단해지다	22
나를 '잘' 살게 하는 방법	27
할 수 있는 것이 없다고 생각될 때	32
포기하고 싶어질 땐	37
어떤 사람이 되고 싶나요?	41
해피엔딩	46

익숙함에서 새로움으로 — 홍재원

우연을 필연으로	52
행동, 비행동 그것으로 끝	56
듣는 마음	60
있는 자리	64
뿌리와 열매	68
조수석에서 운전석으로	72

조인아

회사를 나와 찾게 된 나다운 삶

여기, 정말 안정적일까?	78
이제는 내 것	82
너를 보니 나도	87
첫 실패의 아픔	91
세 번 보기	96

커뮤니티 비지니스 /

황나겸

패션쇼핑몰 CEO에서 커뮤니티 대표가 되기까지

아무도 모른다. 당신이 뭘 할 수 있고, 뭘 할 수 없는지	104
나만의 강점을 찾기 위해 나를 공부한다	110
온라인사업도 결국 사람과의 만남이다	115
변화를 선택하는 유일한 방법, 프레임 깨기	121
연매출 80억 CEO가 선택한 새로운 꿈	126

장효선 | 다시 시작하는 너에게

인생의 변곡점	136
관계를 잇다	142
당신은 행복하나요?	148
인정 욕구 극복하기	153
인사이트를 찾아서	159
질문의 힘	164

커리어 전환 /

김우정 | 내: 일을 준비하고 있습니다

쉬어 가다	172
다시, 꿈을 만나다	178
다시, 넘어져도 괜찮아	183
나를 믿는 것부터 시작	189
최고보다는 최중	195

한가나 — 마흔셋, 다시 시작해 봅니다

새로운 한계를 만나러 갑니다   204
경험이 주는 도전의 용기   208
일관성이 주는 안정감   212
20대의 꿈, 40대의 도전   217
100살까지 나를 확장하자   222
마흔셋, 다시 열린 성장판   227

김수영 — 지금부터 시작해도 괜찮아

지각변동   234
기회가 된 코로나   240
작은 시도   245
CT를 찍어 드립니다   251
감옥 탈출   257
작은 거인들   263

에필로그   269

프롤로그

오늘,
가슴 뛰는 일
시작합니다

　40대 중반으로 접어들면서 다음의 삶에 대한 고민이 시작되었다. 그리고 더 늦기 전에 나만의 일이 하고 싶어 창업을 결심했다. 2022년 9월, 아이디어를 다듬고 실행 전략을 구상하기 위해 창업가 교육 프로그램을 찾았다. 그곳에서 문화기획가 파랑님(장효선, 독립출판사 퍼플쉽 대표)을 만났다. 여성의 사회적 성장과 도전을 장려하며, 누구나 책을 출판할 수 있도록 돕는 일을 한다고 했다. 누구나 책을 낼 수 있다는 말에 솔깃했다. 오래전 가슴 속에 묻어둔 꿈 하나가 꿈틀대는 것 같았다.

2023년 5월 어느 날, 파랑님에게서 전화가 왔다. 30대 성공한 창업가와 40~50대 이제 막 창업을 시작한 사람들이 모여 책을 내는 〈여성 창업가, 작가가 되다〉 프로그램을 추진 중인데, 함께 하겠냐는 제안이었다. 귀가 번쩍 뜨였으나, 망설여졌다. 반년이 넘도록 창업 간판을 걸지 못하고 있어, 나와 결이 맞지 않을 것 같았기 때문이었다. 그러나 파랑님은 이번 기회에 창업 선배들에게 영감도 얻고, 하려는 일을 재정리해 보는 기회로 생각하면 좋을 것 같다며 손을 놓지 않았다. 젊은 창업가의 생각과 감각 그리고 연배 있는 창업가의 내공과 노련함을 경험하면 멈춰 서있는 나의 일에 다시 시동을 걸 수 있을 것 같은 기대감이 몽글몽글 올라오기 시작했다. 그러자 덩달아 용기도 솟구쳤다. 그렇게 루비콘강을 건넜다.

글을 같이 쓰기로 한 대표들을 처음 만나는 날, 설렘과 떨림이 마음 한가득 채워졌다. 대표란 모름지기 기가 남다른 비범한 사람이라는 선입견이 있어 걱정도 되었다. 모임 장소인 카페 하스카에 가까워질수록 심장이 쿵쾅쿵쾅 방망이질 해댔다. 시간이 되자 한 사람씩 들어오는데, 역시나 예상은 틀리지 않았다. 돋보이는 자태와 당당함에 눈이 부셨고, 긍정적인 에너지와 열정이 뿜어져 나와 함께 있는 공간의 공기를 밝게 물들였다. 또 입담이 얼마나 좋은지 내뱉는 말마다 무엇인가에 홀린 듯 멍하니 쳐다보면서 속으로 감탄사만 연발했다.

생각보다 대표들은 더 멋있었으나, 한편으로는 역시 난 무리와 맞지 않은 것 같다며 새초롬한 표정으로 자리만 지켰다. 조용히 글만 써야겠다 싶었다. 그런데 만남의 횟수가 늘어날수록 대표 프레임에 씌워진 모습에 집중되었던 시선이 각자의 삶의 흔적으로 옮겨갔다. 나이와 상관없이 창업 성공 뒤에는 삶의 아픔이 있었고, 삶의 철학을 뿌리내리는 시간을 지나왔다. 그리고 누구도 흉내 낼 수 없는 자신만의 이야기를 만들면서 자신의 일에 고유한 가치를 입히고 있었다. 숫자와 시장의 법칙만을 활용하여 머리로 사업을 이끌어 가는 것이 아니라, 던져진 삶의 무게를 견디며 공고히 세운 자신의 가치와 철학으로 하고 싶은 일을 꿋꿋하게, 용감하게, 단단하게 끌고 가고 있었던 것이었다.

물론 대표들의 색은 다 달랐다. 그래도 조화롭게 어우러져 하나의 영롱한 빛을 발하며 모임이 언제나 활짝 피었다. 어려움에 굴복하지 않고 앞을 뚫고 나아가는 단단함을 가진 박주현 대표는 감동의 인생 서사로 언제나 우리의 눈물샘을 자극했고 영감을 사방에 흩뿌렸다. 조용하지만 빠르게 행동하여 비상하는 홍재원 대표는 자신의 일에서도 부드럽게, 그렇지만 깊고 강하게 뿌리내리고 있었다. 걸크러쉬가 떠오르는 당차고 다부진 모습의 조인아 대표는 실패를 두려워하지 않는 용기를 가지고 자신의 길을 누구도 따라할 수 없는 색깔로 입히고 있었다. 최강의 긍정적인 성격과 환한 웃음으로 사람의 마음을 녹일 줄 아는 황나겸 대표는 거친 황무지도 보석처럼 빛나게 만들 줄 알았다. 탁월한 공감 능력과 비상한 추진력을 가지고 있는 〈여성 창업가, 작가가 되다〉 프로그램의 수장인 장효선 대표는 사람 한 명 한 명을 살뜰하게 살피고, 물을 주고, 잘 자라게 양분을 주어 그 존재를 빛나게 만드는 데 탁월하였다. 어느 상황에서도 침착함을 잃지 않고 어려운 일도 척척 해결하는 리더 중의 리더인 한가나 대표는 존재 자체만으로도 든든하게 자리를 지키며 사람들에게 의지가 되어주었다. 그리고 매일 배우는 것을 놓지 않으며 두터운 삶의 지혜를 지니고도 겸손한 김수영 대표는 우리의 만남에 없어서는 안 될 존재였다. 늘 살아있는 입담과 제스처로 이야기의 꽃을 피우고 분위기를 밝게 만들었기 때문이었다.

우리는 만나는 동안 서로가 얼마나 잘나가는 사람인지, 사업 아이템이 얼마나 대단한지에 대한 이야기는 전혀 하지 않았다. 단지 자신의 삶을 가감 없이 솔직하게 글로 쓰고 나누면서 함께 웃고, 울며, 이해하고, 격려해주었다. 창업이라는 무게감 있는 단어 뒤에 삶의 결핍과 아픔이 누구에게나 있는 이야기라서 서로 공감한 것이었다. 그리고 그 이야기가 창업의 초석이 되었다는 공통점으로 더욱 가까워졌다. 그래서 끝까지 함께 할 수 있었다.

한 가지, 마음에 오래도록 남는 이야기가 있다. "창업합니다" 선언하고 시작을 위한 한 걸음이 어려운 나에게 창업에 성공한 대표들은 이구동성으로 말했다.

"창업하면 무조건 실패해요. 지금 성공한 케이스만 보이죠? 사실 시도를 끊임없이 했고, 그중에서 성공한 것은 몇 개 안 돼요. 그런데 지금도 계속 도전하고 또 다른 창업을 준비하고 있어요. 꼭 성공할 거라는 기대 안 해요. 그냥 해보는 거죠. 실패가 무섭지 않아요."

한 대 맞은 것 같았다. 창업했다가 안 되면 많은 것을 잃게 될 것 같은 두려움이 지배적이었다. 그러나 창업에 성공한 대표들은 실패를 해도 무엇인가를 실패한 것이지, 자신의 존재가 실패한 것은 아니라고 이야기 하였다. 잘 되든 못 되든 결국 모두 지나갈 일이고, 나는 계속 나답게 살고 행하면 되는 것이었다. 결국 자신을 알고, 사랑하고, 믿으면, 자신만의 방식으로 원하는 일을 하게 된다는 이야기였다.

우리의 글은 단연코 창업 성공 스토리가 아니다. 창업을 시작하고 지속해서 이끌어가게 해주는 인생에 대한 이야기이다. 《시작이 어려운 그대에게》를 쓴 여덟 명의 대표들은 누구나 각자의 고귀한 인생 이야기가 있기 때문에 자신만의 고유한 일을 만들어 낼 수 있다고 믿는다. 그렇기에 책의 중심에는 자신에게 귀 기울이고 가슴이 뛰는 일을 하라는 격려의 메시지를 담고 있다. 꼭 그렇게 읽히면 좋겠다.

2023년 8월.
애정과 열정으로 무장한 여덟 명의
여성 창업가 작가들의 마음을 대표하여
우정 드림

박주현

대학교 재학 중 온라인 광고대행사를 창업해서 지금까지 5,000개 이상 사업체의 광고를 기획하고 운영했다. 어려움 속에서도 주어진 상황들을 감사함으로 해석할 수 있는 내면의 힘을 가졌다. 힘든 상황을 마주하면 이 사건이 내게 필요함을 인정하며 문제를 해결해간다.

:

ENFP, 수집, 긍정, 책임, 개별화, 행동의 강점을 가진 30대 여성.

● 스타트업 비지니스

해피엔딩

/

강하고
단단해지다

강해서 강한 것이 아니라,
어려움 강함을 만든다.

중학교 3학년, 고입 시험 날 아빠가 갑작스럽게 돌아가셨다. 시험이 끝나면 하고 싶은 것들을 왕창 써 둔 터라 신나는 마음으로 시험장을 나온 내가 들은 첫 소식은 아빠의 죽음. 믿기지 않았다. 온몸이 덜덜 떨리며 다리에 힘이 풀렸다. 꿈인지 현실인지 분간되지 않고 하염없이 눈물이 났다. 교복을 입은 채 바로 장례식장으로 향해야 했다. 가는 동안, 아빠에게 마음을 전할 마지막 기회 같아 쿵쾅거리는 심장을 부여잡고 하늘을 향해 말했다. 아빠에게 걱정하지 말라고 전하고 싶었다.

"아빠, 너무 고생 많았어. 지금까지 함께 해준 것만으로도 나는 충분해. 나 잘 살아낼 거야. 걱정하지 말고 쉬어."

아빠는 참 멋지고 존경스러운 분이셨다. 가난하던 어린 시절 힘겹게 공부해서 대학교수가 되셨다. 공부는 물론 운동이면 운동, 사진이면 사진, 음악이면 음악, 뭐든 잘하는 만능 아빠였다. 아빠가 하는 모든 것이 멋있었다. 호기심이 많던 나는 아빠가 하는 것을 다 따라 했고 함께 하고 싶어 했다. 아빠가 기타를 치면 옆에 앉아 함께 노래를 불렀고, 아빠가 사진을 찍으면 나는 아빠의 모델이 되었다. 아빠가 테니스를 치러 갈 때면 쪼르르 따라가 끝날 때까지 기다리며 아빠가 이기기를 응원했다. 우리는 쿵짝이 잘 맞는 환상의 커플이었다.

한없이 멋진 아빠에게 우울증이라는 병이 찾아왔다. 언제부터 시작되었는지, 어디서부터가 시작인지 모르는 이 병은 아빠의 삶을 힘들게 했다. 우리는 함께 손을 잡고 이 병을 이겨낼 수 있기를 기도했다. 아빠는 병원을 다니면서 오랜 시간 치료받았지만, 아빠에겐 치유가 허락되질 않았다. 아빠의 병은 계속 악화되었다. 점점 약해지던 아빠는 나를 붙들고 이런 모습을 보여 미안하다며 소리 내어 우셨다. 내 세상이 무너져 내렸다.

오랜 시간 투병하던 아빠는 막내딸의 고입 시험 날까지 버티다 세상을 떠나셨다. 마지막 인사도 없이 떠나셨다. 옆에서 아빠의 투병을 지켜봐 왔기에 아빠의 죽음은 선택이 아닌 병으로 인한 것임을 확신한다. 그래서인지 우리 곁을 떠난 아빠가 조금도 원망스럽지 않았다. 아빠가 이 세상보다 천국에서 더 평안을 누릴 수 있다면 잠시 이별은 참을 수 있었다.

"아빠, 우리 천국에서 다시 만나자! 고마워, 사랑해."

그렇게 아빠에게 마지막 인사를 건넸다.

아빠에게 씩씩한 척 인사했지만, 장례식장을 나오니 세상에는 엄마와 언니 그리고 나, 셋만 남아있었다. 아빠의 보호를 받으며 세상 풍파를 한 번도 겪어본 적 없이 온실 속 화초처럼 살아왔던 우리는 처음으로 세상 밖으로 던져졌다. 당장 집안의 생계를 이끌어갈 수 있는 사람이 없었다. 가정주부로 살아오던 엄마는 하루아침에 두 딸을 혼자의 힘으로 키워야 하는 가장이 되었다. 평소 두려움이 많던 엄마는 강해져야만 했다. 이력서를 쓰고 면접을 보러 다니며 세상으로 뛰어들었다. 날아 본 적 없는 새가 세상을 향해 날개를 펼친 것 같았다. 서툴지만 날갯짓하며 나는 법을 배워가셨다. 우리 가족에게 닥친 어려움은 엄마를 강하게 만들어갔다.

"너는 걱정하지 마!"

엄마는 걱정하지 말라고 했지만 난 엄마에게 도움이 되고 싶었다. 그러나 나는 아무것도 할 수 없는 중학생이었다. 빨리 대학생이 되어서 스스로 생계를 책임질 수 있는 사람이 되고 싶었다.

"우리 딸은 운동도 잘하고, 누군가의 아픔을 바라볼 줄 아는 사람이니까, 운동으로 누군가를 치료하는 사람이 되면 어떨까?"

어릴 적부터 아빠와 이야기하며 운동 치료사라는 꿈을 키워 왔다. 운동 치료사가 되려면 어느 학과에 진학해야 하는지 검색하고 대학 입시를 준비해 나갔다. 그리고 아빠가 근무하던 대학교의 체육과로 입학했다.

대학생이 되니 고등학생 때보다 많은 돈이 필요해졌다. 정기적으로 용돈을 받을 수 없었던 형편이었는데, 막막했던 나에게 엄마는 1년 치 용돈이라며 어렵사리 200만 원을 건네주셨다. 너무나도 크고 따뜻한 돈이었다. 엄마가 얼마나 힘들게 번 돈인지 알았기에 그때 다짐했다. 이 200만 원을 써버리고 마는 삶이 아니라 불리는 삶을 살겠다고 말이다. 절박한 상황은 오히려 내가 다르게 생각할 수 있게 해줬다. 친구들이 용돈을 쓰는 삶을 살아갈 때 나는 언제나 빠르게 움직였고 무엇도 포기할 수 없었다.

어미 새는 어느 정도 날 수 있도록 아기 새를 훈련 시킨 후에는 둥지 밖으로 밀어낸다는 이야기를 들은 적이 있다. 아기 새를 죽이려고 밀어내는 것이 아니라 날 수 있다는 것을 알려주기 위함이다. 살아가다 보면 둥지에서 떠밀린 것 같은 어려움이 찾아오기도 한다. 날아야 할 때라는 것이다. 나에게 찾아온 어려움은 나를 절망하게 하기 위함이 아니라 내가 날 수 있다는 것을 알려주기 위함이라 믿는다. 나는 둥지 밖으로 밀려 나와 나는 법을 배워갔다.

나를 '잘' 살게
하는 방법

:

남을 잘 살게 하자.
그것이 가장 나를 살리는 길이다.

나에게도 우울증이 찾아왔다.

친구들은 대학생이 되어 신나게 놀 때 나는 스스로 학비와 생활비를 책임지고 싶어 공부와 아르바이트에만 전념했다. 학비를 감당하기 위해서는 장학금을 받아야 했다. 학과에서 딱 한 명만 전액 장학금을 받을 수 있었기에 1등이 절실했다. 그러기 위해 시간의 대부분을 도서관에서 공부하며 보냈다. 생활비를 벌기 위해서는 수영 생활체육지도자 자격증을 취득해서 수영 강사로 아르바이트했다. 학교와 수영장만을 오가는 삶을 살았다. 학교가 끝나면 자전거를 타고 온갖 지름길을 찾아가며 자동차보다 빨리 수영장으로 달려갔다. 성공하고 싶은 마음에 1분 1초를 아껴가며 치열하게 살았다. 그러다 갑자기 우울함이 날 지배했다.

'돈을 많이 벌면 뭐 해? 성공하면 뭐 해? 인간은 결국 죽는데…' 허망한 생각들이 나를 사로잡았다. 대학 입시를 준비하며 애써 외면 해왔던 아빠를 잃은 슬픔도 밀려왔다. 어떠한 것에도 열정을 쏟을 수 없었고, 무엇 때문에 살아야 하는지 알 수 없었다. 병원에 가서 약도 받아왔지만 해결되지 않았다. 우울함이 가득한 매일의 삶을 꾸역꾸역 살아냈다. 눈 뜨면 공부하기 위해 학교에 갔고, 끝나면 일하기 위해 수영장에 갔다. 삶이 허무했다.

그날도 여느 날과 같은 우울한 하루였다. 학교 수업이 끝나고 누구와도 말 섞을 시간 없이 자전거로 발 빠르게 페달을 구르며 수영장으로 향했다. 수영장에서 사고가 났다. 다이빙하던 중 동료의 장난으로 내 머리가 수영장 바닥에 부딪혔다. 사고 직후 정신이 혼미하고 말이 나오지 않았다. 다행히 정신을 차리고 스스로 걸을 수 있게 되어 큰일이 아니라 생각하며 자전거를 질질 끌고서는 병원에 갔다.

"지금 당장 큰 대학병원으로 가세요." 의사 선생님께서 나를 보고는 크게 화를 내셨다. 목에는 깁스가 채워졌고, 손에는 여러 가지 서류가 쥐어졌다. 챙겨주신 서류를 가지고 초조한 마음으로 대학병원 진료를 기다렸다.

"이건 기적이에요. 진짜 감사해야 해요." 대학병원 의사 선생님이 나를 보시더니 헛웃음을 치면서 말씀하셨다. "보통 다이빙 사고 환자들은 신경이 손상되어 전신 마비가 오는 경우가 많은데, 아무런 마비 증상도 없이 스스로 걸어왔다는 것은 하늘이 도운 겁니다."

그 말을 듣는데 왈칵 눈물이 났다. 감사의 눈물이었다. 기적처럼 손상된 신경은 하나도 없었다. 신경이 다치지 않은 것은 다행이었지만 무너진 경추를 지탱해줄 철심을 목에 박는 큰 수술을 해야 했다. 수술을 두 번이나 해야 하는 상황에서도 내 입술은 감사를 고백하고 있었다.

"진짜 감사합니다. 감사합니다. 감사합니다."

어이없게도 삶이 허무해서 살고 싶지 않던 내가 살 수 있음을 감사하고 있었다.

수술 후에는 혼자서 밥 먹는 것, 화장실 가는 것, 씻는 것, 모든 것이 불가했다. 그동안 내가 자연스럽게 여겼던 모든 것들이 우리 삶에 당연하게 주어지는 것이 아니었단 사실을 깨달았다. 눈, 코, 입이 있다는 사실도, 손가락과 발가락이 존재한다는 사실도, 게다가 이것들이 제 기능을 한다는 사실이 감사해졌다. 몸은 힘들었지만 사소한 모든 것이 진심으로 감사해지니 세상이 다르게 보였다. 전신 마비 대신 다시 한번 '잘' 살아 볼 기회가 허락된 것 같았다. '지금부터 내 삶은 보너스다.' 공짜로 새 삶을 얻은 것 같았다.

내게 허락된 새 삶을 잘 살아내고 싶었다. 사고가 나기 전에도 나는 '잘' 살고 싶었다. 이전의 나에게 '잘' 산다는 의미는 돈을 많이 버는 것이었다. 아닌 척 교묘하게 욕망을 숨겼지만, 내면의 깊은 곳에서는 '돈'을 통해 남들보다 우월한 '나'를 자랑하는 삶을 꿈꾸고 있었다.

돈을 많이 버는 것이 잘못된 것은 아니지만 과시하기 위해 돈을 좇는 삶은 나를 계속 조바심 나게 했다. 영원히 채울 수 없는 깨진 독에 끊임없이 물을 채우며 살아가게 했다. 채워도 만족이 없는 삶, 그런 삶은 나를 허무함으로 이끌었다.

'잘'의 의미를 다시 찾기 위해 가장 행복했던 시간을 떠올렸다. 교회에서 필리핀으로 봉사하러 갔을 때가 생각났다. 내가 가진 재능을 나누며 도울 때만큼은 무엇엔가 쫓기듯 달리던 삶에서 벗어나 행복을 누릴 수 있었다. 그들에게 나누러 갔지만, 내가 더 큰 사랑을 받고 돌아왔었다. 깨달았다. 남을 잘 살게 하는 것, 그것이 가장 나를 '잘' 살게 하는 방법이라는 것을. 허무함에서 벗어나 세상에서 제일 행복한 사람이 된 것 같았다.

우리는 모두 '잘' 사는 삶을 꿈꾼다. 그리고 저마다 '잘' 산다는 의미도 다르다. 나에게 '잘' 산다는 것은 더 이상 나의 욕심을 채우는 삶이 아닌 내게 주어진 것들을 감사함으로 나누는 삶이다. 나눌 게 많은 삶을 살아내고 싶어졌다.

할 수 있는 것이 없다고
생각될 때

:
할 수 있는 것이 별로 없다고 생각될 땐,
할 수 있는 것 하나라도 하면 됩니다!

'이제 운동 말고 뭘 하지?'

수술 후 재활을 위해 휴학하게 되었다. 초등학생 때부터 운동 분야로 꿈을 키워 왔지만 더 이상 운동을 전문적으로 할 순 없겠단 생각이 들었다. 다른 길을 생각해야 했다. '앞으로 난 무엇을 할 수 있을까?' 운동 말고는 생각해본 길이 없었다. 잘하는 일을 생각해봐도 떠오르지 않았다. 경험이 많지 않으니 모르는 것이 당연했다. 큰 종이에 큼지막하게 글씨를 써서 책상 앞에 붙였다. '도전, 경험' 비록 목에 깁스를 대고 있었지만, 뭐든 다 할 수 있을 것만 같은 자신감이 생겼다. 많은 것에 도전하고 다양한 경험을 쌓아서 잘할 수 있는 것을 찾고 싶었다.

경험해볼 수 있는 것을 찾다 보니 대학생 홍보단, 블로그 기자단, SNS 서포터즈 등 대학생이 참여할 수 있는 프로그램이 많았다. 게다가 콘텐츠를 제작하면 콘텐츠 제작비까지 준다니, 경험도 하고 돈도 벌 수 있는 일명 '개꿀' 기회들이었다. 지원서를 꼼꼼하게 작성해서 활동이란 활동은 다 지원했다.

"합격을 축하드립니다!"

놀랍게도 지원했던 대부분의 활동에 합격했다. 기업 홍보 활동에도 참여해볼 수 있었고, 기자로서 유명인들을 취재할 기회도 얻게 되었다. 국가 정책들을 홍보하는 SNS 콘텐츠도 만들어 볼 수 있었다. 재밌게 했을 뿐인데 우수한 성과를 내서 중소기업청의 상을 받게 되었다. 게다가 최우수 홍보단으로 선정되어 문화체육관광부의 장관상까지 받았다. 내가 잘할 수 있는 일이라고 세상이 인정해주는 것 같았다. '온라인 홍보 활동!' 이것이 내가 잘할 수 있는 일이라 생각했다. 그런데 어떻게 수익으로 연결할 수 있을지는 물음표였다.

그러던 어느 날 친구가 온라인 카페를 소개해줬다. 바로 체험단 카페였다.

"블로그 리뷰를 작성하면 음식을 공짜로 먹을 수 있는 체험이 있는데 빨리 신청해봐."

세상에나 이런 일이 존재한다니! 내가 몰랐던 세상이었다. 체험단 카페는 업체로부터 수수료를 받고 사업체와 블로거들을 연결해주는 곳이었다. 정신이 번쩍 들었다. 생각해보니 나도 음식점을 갈 때나, 제품을 구매할 땐 꼭 블로그 리뷰를 검색해보고 있었다. 모든 사업체에겐 생생한 후기를 담은 블로그 리뷰가 필요했다. 집 앞에만 나가도 리뷰가 필요한 사업체가 가득했다.

'좋은 블로거들과 사업체를 연결해주는 일!' 방구석에서 내가 가진 노트북으로 시작할 수 있는 일이었다. 그러나 뚫어야 할 큰 벽이 하나 있었다. 엄마였다.

블로거들과 사업체를 연결해주는 사업을 하겠다고 엄마에게 말했다. 반응은 시원치 않았다. 아니 부정적이었다. 사업해서 망했다는 말은 많이 들어봤어도 잘되었다고 한 사람들을 본 적이 없었기에 당연한 반대였다. 우리에겐 '사업=망함'이었다. 엄마는 내가 취업하거나 아빠처럼 교수가 되길 원하셨다. 불안정한 길 말고 많은 사람들이 이미 닦아 놓은 길을 가길 원하셨다. 하지만 모두가 이미 닦여진 길을 가려고 하기에 그 경쟁에 뛰어들고 싶지 않았다. 취업하거나 교수가 되는 것 또한 치열한 경쟁 속에 미래가 불확실한 일이라는 생각이 들었다. 그래도 엄마가 반대하시니 나도 왜 이 일을 해야 하는지 더 깊이 생각해볼 수 있었다.

"엄마, 다른 사람들은 사무실도 얻어야 하고 초기에 들어가는 돈이 있겠지만, 나는 들어가는 돈은 없어. 걱정 안 해도 돼."

엄마의 완전한 찬성은 얻지 못했지만 반대하시지 않는 정도까지 설득했다. 엄마를 설득하는 시간을 통해, 왜 창업을 해야 하는지 나 자신도 설득할 수 있었다. 사업해서 성공하기 어렵다는 편견의 벽을 뚫어내고 방구석에서의 내 사업이 시작되었다.

어떻게 하면 좋은 블로거들을 많이 모을 수 있을지 연구했다. 잘되는 블로그들을 분석했고, 블로거들이 모일만한 이유를 만들기 위해 이벤트를 진행하며 소통했다. 한 달이 지나자 나의 블로그는 일 평균 방문자 수가 1,000명을 넘어섰다. 3,000명, 4,000명, 5,000명… 점점 늘어났다. 처음 해보는 일이라 두렵기도 하고 어려웠지만 하나씩 부딪혀가며 필요한 것들을 만들어갔다.

  사업과 운동은 크게 다르지 않았다. 처음 수영을 배우기 시작했을 때 물이 너무 깊어 보여서 두려움에 울었다. 겁에 질려 울고 있는 나에게 수영 선생님은 물에 발만 담그고 앉아 있으라 하셨다. 다음 날은 허벅지가 잠길 정도로만 들어왔다 나가라고 하셨고, 다음 날엔 물에 서 있을 수 있도록 하셨다. 1년이 지나자 나는 접영까지 할 수 있게 되었다. 사업도 수영과 마찬가지로 처음엔 두려웠지만 발을 살짝 담가보기로 했다. 그렇게 시작했다. 물에 발을 담그고 나서 조금 더 들어가고, 또 조금 더 들어가 차근차근 수영을 배웠던 것처럼 사업에서도 조금씩 내가 할 수 있는 것들을 해나갔다.

포기하고
싶어질 땐

:

어려운 일도 정면으로 맞서
더 이상 나에게 문제가 되지 않는 일로
만들어버리자.

사업자등록증 하나 발급받았을 뿐인데 대표가 되었다.

사업자등록 전후로 내 능력치는 변한 것이 없지만 직함이 주는 무게가 있었다. 잘 해내고 싶었다. 운동 심리학에서는 운동하기 전 머릿속으로 시뮬레이션하는 것만으로도 실제 운동하는 것 같은 효과가 있다고 한다. 나도 시뮬레이션을 시작했다. 사업체들에 서비스하는 과정을 머릿속에 그려가며 준비해야 할 것들을 하나씩 써 내려갔다.

'서비스 소개서, 계약서, 서비스 운영 시스템, 광고…'

'고객들이 이런 질문을 할 수 있겠네!'

시뮬레이션하다 보니 미처 생각하지 못한 문제들을 발견할 수 있었다. 실제 해본 적이 없기에 허술한 부분이 많았지만 지금 할 수 있는 최선으로 준비했다.

광고비가 없었기 때문에 직접 업체들에 연락을 돌리며 발품을 팔아야 했다. '음메에에.' 염소마냥 떨리는 목소리로 미리 써둔 멘트를 읽어 내려갔다.

"아..안녕하세요, 블..블로그 체험단을 도..도와드리고 있습니다."

"안 해요. 전화하지 마세요."

준비한 멘트를 시작해보지도 못한 채 그냥 끊는 사람, 화를 내는 사람, 욕을 하는 사람들이 대부분이었다. 또록…, 전화를 끊고서는 눈물이 났다. 서비스를 시작해보기도 전에 포기하고 싶었다.

어릴 적 일이 생각났다. 말을 함부로 하는 친구가 있어서 엄마에게 그 친구와 앞으로 놀지 않겠다고 말한 적이 있었다. 엄마는 그 친구를 피해도 앞으로 또 그와 비슷한 친구를 만날 거라며 그 친구도 사랑할 줄 알아야 한다고 이야기해주셨다. 그러나 난 그 친구를 사랑하지 못했다. 실제로 다음 학년으로 올라가니 엄마의 말처럼 내가 피했던 친구와 비슷한 친구를 만나게 되었다. 그때 지금 당장은 이 문제를 피한다 해도 앞으로 무슨 일을 하든 또 같은 문제가 나의 발목을 잡을 것 같단 생각이 들었다.

세상을 살아가기 위해서는 이 과정을 넘어서야 했다. 나 자신에게 강하게 질문했다. '지금 할 거야? 나중에 할 거야?' 마음의 대답은 '지금 할 거야.'였다. 눈물을 닦고 다시 책상 앞에 앉았다. 감정을 다스리려고 노력했지만, 마음먹은 대로 잘되지는 않았다. 그렇게 울면서도 일단 하루에 200통씩 전화를 돌렸다.

수많은 거절을 당하다 보니 감정이 점점 무덤덤해졌다. 감정이 사그라드니 어떻게 해야 일이 성사될지를 고민할 수 있게 되었다. 상대가 거절한 이유가 무엇일지 생각하며 멘트를 보완해 갔다. 하나, 둘 나의 제안에 응해주시는 업체들이 생겨났다. 믿고 맡겨준 광고주들에게 빨리 실력을 갖춰 도움이 되고 싶었다. 광고주들에게 약속된 서비스 이상으로 나서서 알아봐 드리고 해결해 드렸다. 고객들이 하는 모든 질문은 매뉴얼이 되었고, 고객들이 요구하는 것들은 서비스가 되었다. 세상에 처음 나온 아기들이 모든 것이 새로워 빠르게 흡수하는 것처럼 나 또한 새로운 모든 것을 빠르게 흡수해서 내 것으로 만들어갔다. 고객들의 피드백을 온몸으로 받아들이고 적용해서 서비스를 탄탄하게 만들어갔다.

"어디 가지 말고 꼭 계속 맡아줘요!"

"제안해 주시는 것이라면 다른 곳과 비교도 안 해보고 무조건 맡깁니다."

이전에는 욕먹기 일쑤였지만, 고객과 나는 서로가 서로에게 필요한 관계가 되어갔다. 100개, 200개, 300개 나와 함께하는 거래처들이 쌓여갔다.

처음에는 고객들과 전화하고 소통하는 게 너무 두려운 일이었으나, 그 문제를 딛고 넘어서니 고객과 소통하는 것은 더 이상 나에게 문제가 되지 않았다. 오히려 고객과 소통하는 일이 즐거워졌다. 문제가 생겼을 땐 여러 번 부딪히다 보니 덤덤해졌고, 덤덤해지자 더 잘 할 수 있는 방법들을 찾아갈 수 있었다. 지금도 포기하고 싶을 만큼 어려운 일들이 종종 찾아온다. 그럴 때마다 늘 나에게 질문을 던진다. '지금 할 거야? 나중에 할 거야?'라고. 포기하고 싶어서 피한 일은 언제든 다시 찾아올 수 있다. 어려운 일이 생기면 그 일을 더 이상 나에게 문제가 되지 않는 일로 만들어버리자.

어떤 사람이
되고 싶나요?

:

나를 정의하는 대로
내가 만들어진다.

'하루는 왜 24시간밖에 안 되는 거야.'

 광고를 의뢰하는 고객들이 늘어나다 보니 밤낮없이 일을 해도 일손이 부족했다. 직원 채용. 아르바이트만 해보고 직원을 고용해본 적 없는 나에게 주어진 새로운 과제였다. '내가 꾸준하게 급여를 줄 수 있을까?', '나를 사장님이라고 부르게 해야 할까?', '난 사장이 될 준비가 안 되었는데…' 온갖 걱정과 두려움이 밀려왔다. 그러나 혼자 할 수 있는 일엔 한계가 있어 함께할 동료들이 필요했다. 작은 오피스텔에 사무실을 구하고 채용 사이트에 채용 글을 올렸다.

'함께할 사람을 구합니다.' 곧 지원자들이 생겼다. 면접이라는 것을 봐야 했다. 한 번도 면접에 참여해본 적이 없었기에 도대체 무엇을 물어봐야 하는지 막막했다. 급하게 취업 카페에 들어가 면접 예상 질문이라는 글을 클릭했다. 그럴싸해 보이는 질문 몇 개를 골랐다. 그 질문들이 무엇을 파악하기 위한 질문인지도 모른 채 말이다.

첫 면접이 시작되었다. 지원자 앞에 앉아있는 내가 더 긴장해 있었다. 긴장하지 않은 척 적어둔 질문을 읽어 내려갔다. 지원자의 답변은 잘 듣지 못한 채 두 번째 질문을 했다. 그리고 얼떨결에 채용했다.

"대표님!"

"네…? 저요?"

나를 어떻게 부르게 할지 호칭을 결정하지 못했는데 직원이 먼저 나를 불렀다. '내가 대표라니…' 직원이 나를 대표라고 불러주었다. 내가 상상하던 대표는 멋진 오피스룩에, 뭐든

착착 다 해낼 것만 같은 유능함과 문제를 분석하는 날카로움, 청중을 사로잡는 스피치, 범접할 수 없는 카리스마까지 겸비한 모습이었다. 상상하던 대표의 모습과 나는 너무나도 차이가 컸다. 후드티에 부스스한 머리를 하고서는 대중에게는커녕 직원에게 말하는 것조차 두려워했다. 스스로 대표라고 인정할 수 없었다. 그리고 직원에게 대표라고 부르지 말고 이름으로 불러 달라고 했다. 서로 이름을 부르며 편하게 지내니 나의 업무 지시에는 힘이 없었다.

채용을 시작하고 최소 사흘 길게는 한 달 사이로 사람들이 관뒀다. 내가 너무 부족한 리더이기에 직원들이 그만둔다는 생각이 들어 자책했다. 대표는 내 적성이 아닌 것 같다는 생각이 나를 지배했다. 사업을 계속해나갈 거라면, 나는 대표가 되어야 할 텐데 이대로 좌절할 수는 없었다.

새로운 직원이 입사했다. 그리고 다시 나를 불렀다.

"대표님!"

"네!"

대표가 되어보자 다짐했다. 여전히 부스스한 머리에 내가 상상하는 대표의 모습과는 한참 거리가 있었지만, 지금부터는 나를 대표로 정의하기로 결정했다. 멋진 대표가 되고 싶어졌다.

상상하는 멋진 대표의 모습을 글로 적어보았다. '부드럽고 카리스마 있는 리더십', '다양한 분야에 대한 경험과 깊이 있는 지식', '간결하고 분명하게 의사를 전달하는 능력', '빠르고 정확한 판단력', '비판적인 사고와 능력', '정돈된 생각과 마음' 등 글로 적어 보니 대표에게 필요한 능력이 무엇인지 객관화되어 받아들여졌다. 당장에 내가 생각하는 멋진 대표가 될 순 없지만 무엇이 필요한지 알 수 있었다.

견문을 넓히기 위해 10분씩 뉴스 스크랩하기, 20분간 리더십 책 읽기, 기상캐스터 스크립트 1회 따라 읽기, 정돈된 마음을 갖기 위한 세 줄 일기 쓰기. 매일 쉽게 할 수 있는 스케줄을 만들어 실천했다. 하루, 한 달, 1년. 꾸준히 실천하는 것만으로도 멋진 대표의 모습에 다가가는 것 같아 자신감이 생겼다.

《아주 작은 습관의 힘》이라는 책에서 새로운 정체성이 되려면 새로운 증거가 필요하다는 글을 읽은 적이 있다. 그러기 위해서는 먼저 어떤 사람이 되고 싶은지 스스로 결정하고 작은 성공들로 자신에게 증명해가야 한다고 읽었다. 첫 직원이 나를 대표라고 불렀지만 대표가 되기를 거부했고 대표라는 역할을 회피했었다. 스스로 어떤 사람이 되고 싶은지 결정하지 않으니 바뀌는 것은 아무것도 없었다. 그러나 스스로 대표라고 정의하자 나의 모습은 변화되었다. 여전히 내가 생각하는 멋진 대표와는 거리가 있지만 매일 매일 어제보다 조금은 더 발전한 대표가 되어갔다.

해피엔딩

:
살아있는 한 해피엔딩은 없다.
삶을 해핑(Happy-ing)으로 만들어가면
그것이 진짜 해피엔딩이다.

　사업체를 운영한 지 5년쯤 되었을 때, 서비스도 고용도 어느 정도 안정화를 찾아갔다. 어느새 직원도 20명 가까이 되었다. 넓은 사무실도 얻게 되었고 주변 친구들의 연봉을 두 달 정도면 벌 수 있었다. 목표했던 것보다 더 많은 수익이 났고 감사하게도 수익이 고정적으로 발생했다. '내 삶은 해피엔딩이구나.', '그렇게 공주는 행복하게 살았습니다.', 동화 속 주인공의 마지막 장면처럼 뒤에 어떤 스토리가 펼쳐질지 모른 채 탄탄대로일 것이라 착각했다.

사업체가 어느 정도 안정되었다고 생각하니 그동안 마음 졸이며 달려왔던 시간에서 벗어나 조금은 자유를 누리고 싶었다. 모든 일을 직원들에게 맡기고 홍콩, 일본, 미국으로 여행을 다니며 일은 최소한으로 했다.

대학교와 고등학교에 성공한 창업가로 강의를 나가며 내가 이룬 성과를 자랑스럽게 이야기했다. 그러나 내가 자랑스럽게 이야기하던 것들은 그리 오래가지 못했다. 해피엔딩이라고 착각한 내 삶의 뒷장엔 다양한 폭풍들이 나를 기다리고 있었다. 자유를 누리기 시작한 지 석 달 정도 만에 회사 잔고가 바닥을 드러냈다. 게다가 세계를 뒤흔든 코로나 상황까지 겹쳤다. 잠깐 경기가 안 좋아진 거라 여기고 외면하고 싶었지만, 상황을 직면해야 했다. 위기였다.

함께 일하던 직원들과도 이별해야 하는 상황까지 왔다. 책임져야 할 직원들에 대한 책임을 다하지 못했다. 커진 회사 규모에 따른 적절한 인사관리 시스템을 갖추지 못했고, 구축해둔 서비스를 빠르게 변화시키지 못했다. 경쟁 업체가 나타날 수 있고, 트렌드가 변할 수 있고, 코로나와 같은 예측하지 못한 천재지변이 생길 수도 있다는 사실을 간과했다. 눈물 콧물 쏟아가며 직원들과 이별했다. 나의 무능함으로 뼈저린 실패를 경험했다. 이 뼈저린 실패를 통해 언제든 다시 바닥으로 내려갈 수 있다는 것을 배웠다.

다시 문제를 직면하며 하나씩 대응해갔다. 실패는 나를 교만하지 않고 겸손할 수 있게 해줬다. 처음부터 다시 시작하는 마음으로 새롭게 시작했다. 유연하게 변화해갈 수 있도록 시장 흐름을 파악하는 시스템을 만들고, 새로운 인사관리 시스템, 새로운 서비스들도 구축해갔다. 어려운 코로나 상황에서도 1년 만에 다시 성장을 일궈낼 수 있었다. 이 정도면 됐다고 착각하고 성장과 변화를 멈추는 순간 위기는 시작되었다. 시장에서 살아남기 위해서는 지속적으로 유연하게 변화해갈 수 있어야 한다. 회사도 그리고 나도. 당시에는 너무 힘들었지만 사업이 더 성장하기 전에 나에게 꼭 필요했던 사건이었음을 믿는다.

사업체를 운영하다 보면 크고 작은 위기들이 수없이 찾아온다. 우리 삶은 현재 진행형이기에 언제든 변할 수 있고, 상황이 어떻게 변하든 우리는 행복할 수 있어야 한다. 그래야 진짜 해피엔딩을 맞을 수 있다. 좋은 상황에서든 나쁜 상황에서

든 내가 행복해지는 방법은 감사다. 아빠가 돌아가셨을 때도, 목을 다쳤을 때도, 회사가 잘 되었을 때도, 회사에 위기가 닥쳤을 때도 내게 주어진 상황을 인정하고 감사했다. 내게 필요하기에 허락된 사건들이라고 믿었다. 그렇게 믿으니 힘들어도 평안했다.

아직도 내 삶은 진행형이기에 앞으로 어떤 일들이 펼쳐질지 알 수 없지만 어떠한 일이 주어지든 지금처럼 감사하기로 했다. 그리고 나에게 '잘' 산다는 것은 내게 주어진 것들을 감사함으로 나누는 삶이다. 그렇기에 나와 함께 하는 직원들, 거래처들, 그리고 이웃들이 잘 살 수 있도록 내가 펼쳐 보일 수 있는 최선으로 성장하며 살아갈 것이다.

마음에 새기고 있는 구절이 있다. 부, 명예, 지혜 모든 것을 다 가졌던 솔로몬 왕이 했던 말이다.

"그러므로 내가 보기에는 사람이 자기 일에 즐거움을 느끼는 것보다 더 좋은 것은 없으니 이것이 사람의 운명이기 때문이다."

내 일을 해핑(Happy-ing)으로 만들어가면 그것이 진짜 해피엔딩이 아닐까.

홍
재
원

스물여섯 살에 카페를 창업하였다. 카페를 10년간 운영했으며, 수강생 500명 이상 배출한 레시피 교육 아카데미를 운영 중이다. 레시피 강사가 되고 싶은 사람들을 위한 멘토링을 하고 있으며, 2023년 세 번째 창업인 스마트팜 체험 농장을 시작하였다.

:

ENFP, 최상화, 행동력, 수집, 긍정, 승부사의 강점을 가진 30대 여성.

스타트업 비지니스

익숙함에서
새로움으로

/

우연을
필연으로

:

우연을 필연으로 만들어서
내 삶의 주인이 되자.

'귀하는 합격자 명단에 없습니다.'

중국어학과를 졸업 후, 취업 전선에 뛰어든 건 25살 때였다. 나는 20대 여자들이 많이 선망하는 항공사에 취업하고 싶었다. 그 당시에는 나름대로 열심히 준비했다. 스터디도 하고, 과외도 받았다. "음, 재원 씨는 너무 자기주장이 강해 보여요.",

"재원 씨는 욕심도 많아 보여서 더 나긋한 이미지가 필요해요." 스터디할 때마다 내가 들었던 피드백이다. 참 속상했다. 왜 내 성격은 왜 이 모양인 걸까, 왜 얌전한 성격이 아닌 걸까 하고 자책하기도 했다. 그때부터 내 모습을 꾸며내기 시작했다. 고분고분 말 잘 듣는 회사원의 모습으로 나를 포장했다. 그 뒤로 다양한 항공사의 임원면접, 최종면접까지 보았지만, 결과적으로 합격 소식을 들을 수는 없었다.

카페를 창업하게 된 건 취업 전선에 뛰어든 지 1년쯤 지났을 때였다. 친언니와 함께 카페를 창업하게 되었다. 나의 첫 번째 창업은 깊이 생각하지 않고 내린 결정으로 시작되었다. 그때는 그게 멋있어 보였다. "내가 카페 사장이라니!" 지금 생각해보면, 아무런 준비도 없이 카페에서 아르바이트했던 경험만으로 무모하게 창업을 한 것이다. 그러니 잘 될 리가 없었다. 3년간은 하루에 12시간씩 일하며 적자를 이겨냈다. 하지만 더 이상 이렇게 힘들게 운영할 순 없었다. 돌파구가 필요했다.

어린 시절 우리 집에는 과일이 항상 풍족했다. 일가친척들이 모두 과일, 야채 관련업에 종사하였기 때문이다. 그래서인지 나는 과일에 큰 흥미가 없었더랬다. 과일이 고급 디저트라는 것도 성인이 되어서 알았으니 말이다. 그만큼 쉽게 과일을 접하고 많이 먹어보며 자랐다. 과일 색깔만 보아도, 향만 맡아도, 살짝 만져만 봐도 맛있는 과일인지 아닌지 감별할 수 있었다. "그래, 특별한 게 아니어도 내가 가장 잘 아는 분야, 자신 있는 분야를 접목해서 일을 해보자." 그래서 생각해 낸 것이 생과일주스였다. 그렇게 카페를 연 지 3년 만에 가게는 생과일주스 맛집으로 자리를 잡기 시작했고, 올해로 10년 차가 되었다.

카페가 안정적으로 운영되고 7년 차가 되었을 때부터 매장 일이 슬슬 지루해지기 시작했다. 이맘때, 지인들이 카페를 창업한다며 과일주스를 배우러 알음알음으로 찾아왔다. 그런데 수업을 몇 번 해보니 너무 재밌는 게 아닌가? 그러면서 자연스럽게 수업을 운영해 보면 어떨까 생각하게 되었다. 처음 수업을 개설할 때는 과일주스를 배우려는 사람들이 얼마나 있을까 두렵기도 했다. 주변에서도 "과일주스는 그냥 물 넣고 얼음 넣고 갈면 끝 아니야? 배울 필요가 있어?"라고 말하는 사람들도 있었지만, 그렇게 단순하지 않다는 건 과일 전문가인 내가 가장 잘 알고 있었다. "그래, 필요한 사람이 있을지 몰라. 잘 안되더라도 손해볼 건 없잖아? 해보자."

수업이 주 업무가 된 이후부터 일에 대한 즐거움을 더 크게 느끼기 시작했다. 지금도 수업을 듣고 잘되는 수강생의 모습을 보는 게 그렇게 즐거울 수가 없다. 현재는 아카데미가 확장되어 주스 전문가 자격증을 발급해주는 협회를 운영하며 레시피 강사를 위한 멘토링을 하고 있다.

몇 년 전 산책을 하다가 문득 이런 생각이 들었다. '나를 탈락시킨 회사가 맞았구나. 나는 자기 주도적으로 일하고 성취해야 행복한 사람이구나.' 하고 말이다. 눈물 나도록 아프고 쓰렸던 20대의 패배감을 회복하는 순간이었다. 그 시절 미워했던 자기주장이 강한 내 모습이 좋아졌다. 욕심 있게 일하는 내가 멋있게 느껴졌다.

왜 회사 면접에 번번이 낙방했을까? 카페는 어찌 시작했고? 어쩌다 클래스 운영을 생각하게 되었을까? 이 모든 일이 우연일까? 우연일 수도 있고, 아닐 수도 있다. 다만 나의 가장 큰 강점을 꼽으라면, 인생에 일어나는 모든 우연을 필연으로 만드는 힘이 있다는 것이다. 삶의 모든 사건을 필연으로 만들고, 개척해 나갈 때 삶의 진정한 주인이 된다.

행동, 비행동
그것으로 끝

:

작은 행동을 실천해
성공으로 가는 길을 만들자.

생과일주스로 입소문 났던 우리 가게는 여름이면 몸이 남아나지 않을 정도로 바빴다. 하지만 내 마음 한구석에는 늘 불안함이 자리하고 있었다. 이 매장이 언제까지 잘 될지는 아무도 모를 일이기 때문이다. 모든 실무를 직접 해왔던 나로서는 매장일 이외에 새로운 일을 시작한다는 것은 모든 휴일을 반납해야 한다는 의미이기도 했다. 나의 마음은 두 갈래였다. '적당히 쉬면서 매장 운영만 잘하자.'라고 하다가도 '이 매장이 언제까지 잘 될 줄 알고? 또 다른 수입원을 만들어야 해!'라는 생각이 들었다. 두 갈래의 마음을 오가며 갈팡질팡하는 사이 1년이라는 시간은 또 그렇게 흘러갔다.

너무 더운 여름이었다. 퇴근 후 몸이 녹초가 되어 집에 누워있는데, 이상하리만치 그 시간이 소모적으로 느껴졌다. 침대 위에서 뒹굴거리다 번뜩 '직접 수강생을 모집해 보면 어떨까?'라는 생각이 스쳐갔고, 바로 컴퓨터 앞에 앉아 글을 썼다. 어디에 글을 올릴까 고민하다가 카페를 운영하는 사람이라면 대부분 아는 '아프니까 사장이다'라는 커뮤니티에 글을 올렸다. 우리 가게의 좋은 후기들도 함께 추려서 업로드했다.

현재까지 해온 일들과 매장 운영 노하우, 그리고 자신 있는 나만의 레시피를 설명하고 번호를 남겼다. '생과일주스를 배우고 싶어하는 사람이 있을까?', '사람들이 비웃는 거 아니야?' 하는 마음도 들었지만, 결과적으로 그 글 하나로 20명의 수강생을 모을 수 있었다.(물론 댓글로 비아냥대거나, 비웃는 사람도 있었다) 그때 모집해서 수업했던 스무 명의 수강생 후기 덕분에 계속해서 교육사업을 할 수 있었고, 지금의 아카데미가 만들어질 수 있었다.

그 경험으로 '어떤 아이디어가 떠올랐을 때, 일단 무엇이라도 시작해보는 것'이 큰 도움이 된다는 걸 배울 수 있었다. 지금 아카데미 인스타그램에서 수업 초창기 피드로 거슬러 올라가 보면, 다듬어지지 않은 부끄러운 사진과 글들이 많이 나온다. 지금 보면 어떻게 이런 글과 사진으로 수업을 진행했을까 싶어 얼굴이 붉어진다. 하지만 이런 시절이 없었다면, 지금의 아카데미는 없었을 것이라고 확신한다.

창의력이 넘치고, 트렌드를 항상 앞서나가던 친구 한 명이 있었다. 그 친구가 어떤 아이디어를 말하면 1~2년 뒤에 그 아이템이 소위 대박을 쳤다. 정말 신기했고 그 친구가 참 부러웠다. 하지만 수많은 대박 아이템들이 결국 친구의 것이 될 수 없었던 이유는, 아이디어를 행동으로 옮기지 않았기 때문이다. 대단한 아이디어로 행동하지 않는 것보다, 보통의 아이디어로 행동하는 것이 더 큰 결과를 가져온다.

행동하는 모든 아이디어가 성공으로 직결되지는 않는다. 하지만 그 작은 행동이 모여서 성공으로 가는 돌다리를 만들어 준다고 믿는다. 작은 행동과 그에 따른 실패는 선택이 아닌 필수요건이다. 그동안 사업을 하며 수없이 많은 행동을 하고 그에 따른 실패를 맛보았다. 많은 회사에 사업 제안을 한 만큼 많이 거절당했으며, 결과물에 대한 혹독한 비판도 들어보았다. 이제는 이런 순간들이 올 때 쓰라린 마음을 즐기는 변태가 되었다. "아이고, 또 거절 당했네. 이번 일로 나는 무엇을 더 잘하게 되려나?" 하면서 말이다.

우리는 계속해서 실수하고, 실패하며 성장하는 과정에 있다. 완벽한 사람이란 없다. 온전히 준비된 시기 따위도 존재하지 않는다. 나이가 들어감에 따라 무작정 행동하기가 더 어려워지기도 한다. 그러니 지금 당장 떠오르는 생각 딱 한 가지만 바로 시작해보면 어떨까? 아주 사소한 일이어도 좋다. 헬스장에서 30분 운동하기, 책 10분 읽기와 같은 것 말이다. 창업을 한 지 10년이 되었지만, 아직까지 책상 앞에 커다란 문구를 써 붙이고 매일 본다.

"인생은 행동, 비행동 그것으로 끝."

듣는 마음

:
인간관계와 창업의 우선 법칙은
'듣는 마음'이다.

 창업과 인간관계는 굉장히 밀접한 관련이 있다. 창업이라는 것은 상대의 마음을 훔치는 것이기 때문이다. 서비스를 아직 경험해보지 않은 상대에게 이 서비스를 경험하기로 미리 결정하게 만들어야만 매출을 일으킬 수 있다. 그래서 나는 인간관계를 잘 맺는 사람이 사업도 잘한다고 생각한다. 탄탄한 인간관계가 창업의 첫 시작점이다.

강사는 말을 하는 사람이다. 내가 아는 지식을 사람들에게 전달해 주는 사람이다. 과연 그럴까? 최근에 드는 생각은 그 반대다. 강사는 듣는 사람이다. 수강생의 마음에 공감하고, 응원해주는 사람이다. 2020년도 여름에 창업 교육을 시작했다. 교육학을 배워본 적 없는 내가 어떻게 지금 아카데미까지 운영할 수 있게 되었을까? 나는 수업할 때마다 교육을 한다고 생각하지 않았고, 나보다 조금 늦게 같은 업을 시작한 친구를 만난다는 생각으로 임했다. 신기하게도 그들의 고민은 내가 지난 10년 동안 한 번쯤은 해봤던 고민이었다.

인상 깊었던 수강생 한 명을 소개하고 싶다. 여수에서 서울까지 오가며 4주의 과정을 함께한 소희 씨는 두 아이를 키우는 엄마다. 아이들을 어느 정도 키워놓고 본인의 일을 시작해 보고 싶어서 레시피 수업에 오게 되었다. 나에게 오기 전에도 그녀는 다른 수업을 정말 많이 들었고, 다양한 자격증 또한 보유하고 있었다. 지역적 특성, 월세 등의 조건을 살펴봤을 때 사업을 시작하기만 하면 적자는 안 볼 거라는 생각이 들었다. 그녀의 열정 덕분에 나도 더 열심히 강의했고, 잘 해낼 거라고 용기도 북돋아 주었다. 수업 때는 열의에 가득 차 당장이라도 매장을 열 기세였지만, 그녀는 집으로 돌아가기만 하면 잘 해낼 수 없을 것 같다는 연락을 해왔다. 다른 수업을 더 듣고 보완해야 매장을 열 수 있을 것 같다고 했다.

마지막 수업이 끝나고 우리는 거의 한 시간 정도 앉아서 개인적인 이야기를 나눴다. 새로운 출발선 앞에 선 소희 씨의 떨어지지 않는 발걸음과 두려운 마음들이 고스란히 느껴졌다. 나는 별다른 말을 하지 않았고, 묵묵히 들어주었다. 그녀의 이야기를 듣는 동안 마음 깊이 소희 씨에게 공감했고, 진심 어린 응원의 눈빛을 보냈다. 소희 씨의 이야기를 다 듣고 나서 내가 생각하는 그녀의 장점과 그녀가 잘 해낼 수밖에 없는 이유를 설명해 주었다. 그녀의 맑은 눈에 눈물이 맺혔고 주책맞게 나도 그만 눈물이 났다. 소희 씨는 '주스계의 오은영'이냐며 나를 놀렸다. 우리는 배를 잡고 깔깔 웃었다. 소희 씨가 다시 여수로 돌아갈 때, 마지막 눈맞춤에서 우리가 진정으로 소통했노라 느꼈다. 소희 씨는 현재 여수에서 키즈클래스 공방을 성공리에 운영하고 있다. 첫 수업 모집 글부터 수많은 예약 문의가 들어왔고, 문화센터 강사 제의도 받았다고 한다.

수강생이 실제로 결과를 낸 수업을 돌아보면, 화려한 언변으로 실수 없이 진행한 수업들이 결코 아니었다. 수강생들의 마음을 알아주고 공감해줬을 때, 진심으로 그녀들을 응원할 때 완성도 높은 수업이 됐다. 이런 수업을 듣고 돌아간 수강생들은 진심과 감동을 담은 수강 후기를 남겨주었다. 그리고 그 후기가 다른 수강생을 불러 모았다. 단순한 일방통행이 아닌 과정의 선순환이 일어난 것이다.

그렇다. 그럴싸한 말로 상대를 현혹하는 것은 잠시일 뿐, 진심 어린 공감과 태도 그리고 경청을 통해서만 관계가 이어진다. 그중에서도 경청이야말로 창업의 기초 중의 기초이다. 이것은 비단 강사에게만 해당되는 일은 아닐 것이다. 모든 일은 사람이 하는 것이기 때문에, 모든 창업은 결국 인간관계다. 그리고 인간관계를 잘 다지는 기본기는 '듣는 마음'이다.

있는 자리

:
한계를 극복하는 첫 단추는
환경을 설정하는 것이다.

비가 억수같이 쏟아져 내리는 장마철이었다. 자꾸만 몸과 마음이 처지고, 집에서는 누워만 있었다. 왜 이렇게 무언가 앞을 가로막고 있는 것 같지? 석연치 않은 의문이 드는 몇 주가 지속되었다. 하는 일이 그저 그렇게 흘러가고, 마음은 갑갑한데 의욕이 생기지 않았다. 주기적으로 찾아오는 시기였다. 번

아웃. 앞만 보고 달리다가 어느 순간 배터리가 방전되어 버리는 것과 같은 상태. 일이 바쁘게 휘몰아칠 때는 밤에 누워도 잠이 잘 오지 않을 정도로 과각성 상태로 생활하다가 바쁜 시기가 나를 휩쓸고 지나가면, 어김없이 번 아웃이라는 손님이 찾아왔다.

당장에 쓰러져 잠들어도 이상하지 않았던 어느 날, 헬스장에 가서 딱 15분 동안 운동을 했더니 모든 불안이 해소되는 기분이 들었다. 이 느낌을 한번 기억한 이후로는 마음이 답답하거나 불안해질 때, 마치 비상약을 찾는 것처럼 헬스장으로 간다. 몸을 움직여 땀을 내면 정신까지 맑아진다. 또한 일과를 마치고 열심히 운동하는 사람들을 보면서 그들의 에너지도 느낄 수 있다. 이렇듯 나를 좋은 환경에 두는 것이 한계를 극복하는 첫 단추이다.

되돌아보면, 내가 크게 도약했을 때는 항상 큰 시련에 부딪혔을 때였다. 사랑하는 사람과의 이별, 믿었던 사람의 배신, 사업의 실패 같은 것 말이다. '인생은 새옹지마'라는 말이 있다. 나쁜 일이 생기면 그 순간에는 원망과 슬픔에 빠져있는 것 같지만, 그 시간을 견뎌내고 돌아보면 그때마다 나의 인생은 레벨 업 되어 있었다.

작년에 나는 진지하게 만나던 사람과 이별했다. 당시에는 그 사람이 이기적이라고 생각했고 무척 원망스러웠다. 왜 그렇게까지 일에 목을 매는지 이해할 수 없었다. 그 사람과 이별 후, 나는 몰입할 무언가가 필요했다. 그때 나는 처음으로 사업 컨설팅 수업을 들었고, 그 수업을 계기로 다른 사업가들과 교류할 수 있게 되었다. 보고 듣는 것이 달라지자, 내 삶은 크게 변했다. 나의 사업은 자연스럽게 확장되었고, 일이 재미있어졌다. 그뿐만 아니라 내 일을 더 사랑하게 되었다. 한때 내가 원망했던 사람이 지금의 나에겐 귀인이 된 셈이다. 이제는 그 사람이 그 당시 했던 이야기들을 자연스럽게 이해할 수 있게 되었고, 진심으로 그 사람의 앞날을 축복해 줄 수 있게 되었다.

할 엘로드의 저서 《미라클모닝》에 나오는 한 구절을 소개하고 싶다.

"우리는 가장 많은 시간을 함께 보내는 다섯 명의 평균에 수렴한다는 연구 결과가 있다. 당신과 가장 오랜 시간을 함께 하는 사람은 누구인가? 만약 게으르고 의지가 약하고 변명만 하는 사람들에 둘러싸여 있다면, 어쩔 수 없이 당신도 그들과 같아질 것이다. 긍정적이고 진취적인 사람들과 많은 시간을 보낸다면 성공을 부르는 그들의 태도와 습관이 당신에게 흡수될 것이다."

정말이다. 내가 만나는 사람들이 달라지니, 나도 달라졌다.

헬스장에 자주 가서 몸이 좋은 사람들을 보고 있으니, 내 몸도 점차 좋아졌다. 사업가 모임에 나가 사업가들과 어울리다 보니, 자연스럽게 나의 사업도 커졌다. 좋은 환경 속에 나를 두는 것은 그 무엇보다 중요하다.

요즘 나는 다시 정체기를 맞이했다. 역시나 처음으로 한 일은 바쁘다는 핑계로 잠시 쉬었던 운동을 시작한 것이다. 그리고 그동안 미뤄두었던 일들을 하나씩 적어보았다. 많은 것들 중에 귀찮고, 자신 없어서 실행하지 않았던 한 가지를 뽑았다. 바로 유튜브 채널 개설이다. 앞으로 몇 달간은 익숙하지 않은 일을 배우느라 고생할 것이다. 첫 글과 영상은 아마 엉망진창일게 불 보듯 뻔하다. 하지만 1년 뒤 내 모습도 그럴까? 나는 감히 아니라고 확신한다. 1년 뒤에 내 유튜브가 어떻게 운영되고 있을지 나도 참 궁금하고 설렌다. 이번엔 어떤 환경에 나를 두어볼까? 유튜브 함께 키우기 모임이나 유튜브를 배우는 북클럽은 어떨까?

뿌리와
열매

:
내가 잘 아는 분야로 리스크를
최소화하여 창업 아이템을 선정하라.

 대학 졸업 후, 적금 통장을 만들러 은행에 갔다. 창구 직원은 "적금 통장을 만드시는 걸 보니 취업하셨나 봐요. 무슨 일을 하세요?"라고 물었다. "저는 취업 준비생이에요. 아직 아르바이트하며 면접 준비를 하고 있어요."라고 대답했다. 그 은행원은 올해로 15년째 은행에서 일하고 있다고 했다. "첫발이 굉장히 중요해요. 저는 얼떨결에 시작했던 이 일을 한 평생 하고 있어요. 한번 어떤 일을 시작하면 쉽게 방향을 바꾸기가 어려워요. 첫 직장을 잘 선택하세요. 응원해요." 참 따뜻한 말이었다. 그 말대로 살게 되어서일까? 이상하리만큼 그 은행 직원의 말이 오래도록 기억에 남는다.

우연한 기회로 26세 어린 나이에 창업을 했다. 3년 동안 하루 12시간씩 일하며 적자를 보고도 언니와 함께 버텨냈다. 누군가 사업은 버티는 사람이 이기는 거라고 했다. 정확히 3년 차부터 가게 매출이 눈에 띄게 올랐다. 그 은행 직원의 말처럼 첫 직업을 바꾸기란 쉽지 않았다. 그렇게 7년 동안 카페를 운영하다 매장 운영이 지루해질 즈음, 창업 교육을 시작하게 되었다. 매장 운영과 교육업은 전혀 다른 것 같지만, 안으로 들어가 보면 같은 맥락이다. 마치 한줄기 뿌리로 시작된 나무에서 뻗어나가는 가지와 같다. 창업 교육은 매장 운영을 통해 내가 겪었던 일들을 바탕으로 운영 노하우와 직접 창업해 보지 않으면 절대 알 수 없는 것들을 알려주는 일이기 때문이다.

만약 중요한 수술을 받아야 한다면, 이제 막 전문의를 단 의사와 20년 경력의 의사 중 누구를 선택하겠는가? 당연히 후자일 것이다. 이렇듯 경력과 경험은 돈으로 살 수 없는 귀한 자본이다. 그 자본을 버리고 맨땅에 헤딩하는 것보다는 내가 잘 아는 분야에서 카테고리만 바꾸어 창업하는 것이 리스크를 최소화하는 방법 중의 하나다. 그리고 나는 이 방법이 최고의 성공 전략이라고 믿는다.

나는 오랫동안 시간을 허비해 왔다고 자책했다. 바보처럼 왜 매장에 묶여서 그 긴 시간을 허비했을까? 여러 가지 일들을 해볼 걸 하고 말이다. 하지만 지금은 생각이 다르다. 그 긴 시간 동안 매장에서 보냈던 하루하루가 지금 교육 사업의 자료들이 되었다. 그 시간이 없었다면, 지금의 나도 없다.

중국 극동지방에서 자라는 희귀종인 모소 대나무는 씨앗이 뿌려진 후 4년 동안 겨우 3cm밖에 자라지 않는다고 한다. 4년 동안 엄지손가락 한 마디만큼 자랐던 모소 대나무는 5년이 되는 해부터 매일 30cm씩 성장하여 6주가 되면 15미터 이상의 높이가 되어 울창한 대나무 숲을 이룬다. 4년 동안 꿈쩍도 안 한 것 같지만, 모소 대나무는 4년이라는 기간 동안 땅 밑으로 깊은 뿌리를 내린다.

혹시 시간을 허비하고 있다고 느끼는 누군가가 있다면, 잘하고 있다고 말해주고 싶다. 지금 뿌리를 단단하게 내리는 중이기 때문이다. 언젠가 그 시간을 재료로 쓸 수 있는 날이 올지도 모르니 말이다. 뿌리를 내리는 시간이 임계점에 다다르면, 더 이상 땅 밑으로가 아니라 하늘을 향해 가지를 뻗어나 갈 것이다.

창업을 하고 싶다고 조언을 구하는 친구들이 있다. 물론 하던 일과 전혀 다른 방향으로 창업을 해서 잘 되는 친구들도 보았다. 하지만 처음 도전하는 창업이라면, 최소의 리스크로 도전할 수 있는 아이템을 추천한다. 자신이 그동안 몸담았던 분야에서 방향만 비틀어 생각해보는 것이다. 꽤 여러 가지 흥미로운 아이템들이 나올 수 있다. 이렇게 땅 밑으로 단단하게 뻗은 뿌리 위에 새로운 가지가 쭉쭉 자라나는 것이다.

요즘 나는 또 다른 창업을 준비하고 있다. 스마트팜을 운영 중이신 아버지와 합작하여 아이들이 마음껏 꿈꾸고 뛰놀 수 있는 키즈 체험 농장을 만들고자 한다. 이번 창업 역시 완전히 새로운 아이템이라기보다는 내 가족이 잘 알고 있는 분야에 함께 뛰어들었을 뿐이다. 이제는 창업이 참 재미있게 느껴진다. 마치 게임에서 하나의 퀘스트를 깨고 다음 세계로 넘어가는 것 같다. 창업을 할 때마다 스스로 성장함을 느끼고, 나의 삶 또한 전반적으로 레벨 업 되는 것이 느껴진다. 이번 창업이 성공으로 이어질지는 미지수지만, 한 가지는 분명하다. 이 일이 '나'라는 사람을 한 번 더 성장시켜 줄 기회라는 것 말이다.

조수석에서
운전석으로

:

남 탓하지 않는 인생 태도가
성공으로 가는 가장 빠른 지름길이다.

　요즘 유튜브를 보면 헬조선, 흙수저 등 배경 탓을 하는 단어들을 많이 보게 된다. 이 정보들이 사실일까? 나는 요즘처럼 돈을 벌기 쉬운 시대는 없다고 생각한다. 예전처럼 학벌, 혈연, 지연에 목매지 않아도 된다. 노트북 하나로 전 세계 어디든 내가 가진 아이템을 알릴 수 있다. 가만히 생각해보면 큰돈을 들이지 않아도 시도해 볼 만한 사업 아이템이 차고 넘친다.

1989년 여름, 딱히 유복하지 않은 집안에서 태어났다. 강남구의 한 지하 셋방에서 초등학생이 될 때까지 네 가족이 살았다. 어릴 적 기억을 더듬어보면, 바쁘신 부모님을 대신해 언니가 항상 나를 챙겨줬다. 그래서일까? 나는 엄마보다 언니가 더 좋았다. 나는 꽤 오랜 시간 동안 엄마 아빠는 나에게 충분하게 사랑을 주지 못한 존재로 여겨졌다. 부모님을 탓하고 미워했었다.

하지만 지금은 부모님의 마음을 이해하게 되었다. 부모님은 그때의 상황에서 최선을 다해 나에게 좋은 것만 주셨다. 나라면 과연 이렇게까지 할 수 있었을까? 아니, 못했을 것 같다. 엄마 아빠는 지금 내 나이에 부모가 되었다. 나의 부모님도 엄마, 아빠가 되어보긴 처음이었다. 그렇게 부모님을 한 인간으로서 바라보니 다른 시선으로 볼 수 있었다. 아버지를 한 인간으로 바라보자 어린 시절 운동선수로 활동했던 소년이 가족을 부양하기 위해 고군분투하는 모습이 보였다. 소위 흙수저라고 불릴 만한 환경에서 어린 시절을 보냈지만, 십 년을 넘게 새벽 3~4시면 어김없이 출근하시는 아버지 밑에서 자랐다. 부모님 탓을 그만두고 나니, 부모님께 물려받은 성실함, 도전정신이 지금의 나를 있게 했다는 사실을 깨닫게 되었다.

본인의 실패를 남 탓으로 돌리는 사람을 많이 보았을 것이다. 부모 탓, 건물주 탓, 손님 탓, 날씨 탓, 거래처 탓.

나 또한 남 탓하며 살았던 시간이 매우 길었다. 한껏 남 탓을 하며 살다 보니, 내 인생의 주인공이 내가 아니게 되었다. 내 인생에 일어나는 모든 일들이 나를 조연으로 만들었다. 다른 사람과 환경에서 실패의 원인을 찾는 것은 내 인생을 나 스스로 핸들링할 수 없다는 뜻이다. 내 인생의 조수석에 앉아 있는 것이다. 이것을 알고 난 후, 조수석에서 운전석으로 자리를 바꿔 앉았다. "내가 운전대를 잡은 내 인생이니까, 어떤 일도 나의 책임으로 받아들이겠어." 운전대를 잡고 사이드 브레이크를 풀자, 서서히 내 인생의 바퀴가 굴러가기 시작했다.

지금도 본능적으로 남 탓하는 순간들이 찾아온다. 그럴 때마다 심호흡을 깊게 하고 다시 한번 생각해본다. '지금 이건 나의 피해의식 아닐까?', '저 사람은 그런 의도가 아니었는데, 내가 잘못 받아들인 것일지도 몰라.'라며 모든 일을 나의 책임으로 가져오려고 노력한다. 여기서 책임이란, 내가 잘못했다고 여긴다는 뜻이 아니다. 내 삶에 일어나는 모든 일에 내가 원인이 된다는 것이다. 삶에 일어나는 모든 일의 원인을 자신에게서 찾으면, 모든 상황을 컨트롤 할 수 있다. 내가 움직여 방향을 바꿀 수 있는 일이 많아진다. 아무리 힘든 일을 겪더라도 자책이나 원망이 아닌 피드백을 할 수 있고, 그 일을 통해 한층 더 성장한 내가 될 수 있다.

앞으로 나는 누군가에게 나에 대해 설명하거나 변명하지 않는 삶을 살고 싶다. 인생에서 일어나는 모든 일에 원인이 되는 자발성으로 존재하고 싶다. 삶에 있어 기꺼이 원인이 되고 싶다. 눈에 비치는 모든 타인의 모습이 내 모습임을 알고, 나의 실수와 상대방의 실수를 사랑으로 덮어주는 사람으로 성장하고 싶다.

조
인
아

'외고 → 연세대 → 삼성전자'
학교에서 정답이라고 말하는 코스대로 살았지만, 항상 '이 삶이 최선일까?'라는 의문을 품었다. 우연히 사업의 길을 알게 되었고 나다운 삶을 살기 위해 퇴사하여 사업을 하고 있다. 뷰티 브랜드 두 개를 창업하고 사업 노하우를 유튜브로 나누며, 여성 사업 커뮤니티 '퀀덤'을 운영하고 있다.

:

ESTP, 분석, 화합, 책임의 강점을 가지고 있는 30대 여성.

스타트업 비지니스

회사를 나와 찾게 된

나다운 삶
/

여기,
정말 안정적일까?

:
스스로 해보기로 마음먹으면
길이 보인다.

"무슨 일 해요?"
"음식점 하고 있는데…"
내 삶의 방향성을 완전히 바꿔버린 그와의 첫 만남이었다. 식당을 운영한다더니 온몸에 명품을 두르고 있었다. '외고에서 연세대학교 그리고 삼성전자'라는 어른들이 가장 좋아하는 엘리트 코스의 정석을 밟아온 나에게 그는 너무도 신기한 사람이었다. 음식점을 한다고 해서 공부와는 거리가 머리라 생각했는데 매일 신문을 보고 책을 읽으며 러닝까지 한다고 했다. 내 주변에서 보지 못했던 신기한 사람, 그 사람의 삶이 궁금해지며 평범한 직장인이었던 내 삶이 변화했다.

그는 아침 11시부터 12시까지 하루 1시간만 식당에 나가고 나머지는 직원들이 다 알아서 하는데도 매일 몇백만 원씩 벌고 있었다. 정말 신세계였다. 특별한 비법을 가진 대박 맛집이라 그렇게 잘 되나 싶었지만 평범한 전집이었다. 정해진 곳, 정해진 시간에 일하지 않아도 돈을 벌 수 있다는 것을 처음 깨달았다. 그것도 누구나 할 수 있는 평범한 아이템으로 말이다.

왜 이렇게 살 수 있다는 걸 이제야 알았는지…. 우물 안 개구리로 있던 것이 후회스러웠지만 더 늦기 전에 나도 그렇게 살고 싶다는 열망이 꿈틀댔다. 한 번 다른 세계에 눈을 뜨게 되니 회사생활이 갑갑하게 느껴졌다. 아무리 열심히 일해도 바뀌지 않는 내 월급과 위에서 시키는 일밖에 할 수 없는 현실이 답답했다. 대기업이라는 거대한 시스템 속에서 내가 맡은 일은 극히 작은 일부였다. 디자이너같이 자신만의 기술이 있다면 회사를 나와도 스스로 돈을 벌 수 있었을 것이다. 하지만 나는 회사 시스템에 속하지 않고는 돈을 벌 수 없는 일을 했고, 회사에 내 생계를 전적으로 맡길 수밖에 없었다. '60세 이후 정년퇴직하고 난 다음 과연 나는 뭐 먹고 살 수 있을까?' 회사 이후 내 삶에 대한 불안감이 점점 커졌다. 게다가 나날이 올라가는 집값에 삼성전자를 다니고 있어도 월급만으로는 서울집을 살 수 없었다.

이렇게 보니 하루라도 빨리 회사를 나와 내 일을 시작해야겠다는 결심이 섰다. 특별한 것 없는 평범한 음식으로도 월 천만 원 넘게 벌고 있는 그를 보고 나도 할 수 있겠다는 용기를 가졌다. "10년을 꾸준히 하면 한 분야의 전문가가 된다는데, 나도 지금부터 10년 동안 꾸준히 하면 뭐라도 이뤄낼 수 있을 거야."라며 무작정 내가 당장 시작해 볼 수 있는 사업을 찾아다녔다. 때마침 유튜브에서는 '신사임당의 창업 다마고치' 콘텐츠가 인기를 끌면서 스마트스토어를 통한 온라인 창업 열풍이 일었다. 회사에 다니면서도 할 수 있었고 큰돈을 들이지 않고 시작할 수 있었다. 사업을 처음 배우기 가장 좋은 방법이라고 생각해 스마트스토어를 해보기로 했다.

1년 안에 어떻게든 월급만큼 수익을 만들기로 목표를 세웠다. 걸리기 전에 돈 벌어 퇴사한다고 배수진을 치는 마음으로 투잡 금지를 무시하고 내 이름으로 사업자 등록증을 냈다. 무모해 보이기도 하지만 어떻게든 해내겠다는 결심이 확고했다.

매일 새벽 6시에 일어나 2시간씩 판매할 상품을 찾고 등록했다. 친구도 안 만나고 연애도 안 하며 주말 내내 어떻게 상품을 잘 팔 수 있을지 궁리하고 실행했다. 첫 석 달 동안은 아무 변화가 없었다. 이렇게 해서 돈을 벌 수 있을지 의심과 불안이 올라올 때마다 유튜브에서 동기부여 영상을 봤다. 0에서 시작해 사업을 일궈낸 사람들의 모습을 보면 불안은 잦아들고 나도 충분히 할 수 있다는 용기가 샘솟았다. 그렇게 반년이 지나자 편의점 택배를 통해 하루 2~3개 보내던 사업이 점점 커져 목표한 대로 월급만큼 수익을 냈다.

"부장님, 저 드릴 말씀이 있는데…, 이제 나가서 제 일을 하려고요."

2020년 12월 23일, 내 생일날 사직서를 썼다. 다짐한 목표를 이뤄낸 나 자신이 대견했고 스스로 주는 생일선물 같아 감격스러웠다. 가장 안정적으로 보이는 삼성전자, 하지만 그 안에서도 나는 불안감을 느꼈다. 남들은 회사 밖이 불안하다고 하지만 회사 안에서도 언제까지 다닐 수 있을까 불안했다. 회사는 나를 평생 책임질 수 없었기에 나는 나 자신을 온전히 책임져보기로 했다. 그렇게 서른 살이 되는 해, 전업 사업가로 내 삶의 2막이 시작되었다.

이제는
내 것

:
도전은 그 무엇과도 바꿀 수 없는 귀중한
자산을 남긴다.

공유 오피스에 1인실을 얻어 회사 대신 나만의 사무실로 출근했다. 적게 일하고 많이 벌고 싶어 시작한 사업이었는데 현실은 녹록지 않았다. 밤 12시에 퇴근하고 눈뜨자마자 다시 출근하고, 일과 삶의 경계가 없었다. 온종일 일만 했지만 그래도 내 일이라는 생각에 재미있었다. 사실 돈이 벌리는 것보다 내가 만들어 낸 무언가로 세상에서 반응을 일으키는 것이 재미있었다.

하지만 일 년이 지나자 공허하고 점점 일이 즐겁지 않았다. 당시 월 매출 8,000만 원에 마진율이 20~30%였는데, 얼굴 마사지용 돌 '괄사'와 크록스 신발을 꾸미는 장식 '지비츠'가 주로 판매되었다. 중국에서 수입해온 괄사는 모서리가 깨져있거나 불순물이 들어있는 등 불량품이 많았다. 지비츠는 아무리 에어캡으로 잘 포장해서 보내도 배송 중 깨지는 문제가 많았다. 불량률이 높다 보니 물건이 많이 팔리면 팔릴수록 고객들의 불만도 많이 쌓였다. 매일 아침 '오늘은 또 얼마나 많이 불만이 쌓여있을까?' 괴로워하며 눈을 떴다. 고맙다는 고객 리뷰에 힘이 나기도 했지만, 부정적인 이야기들을 온종일 듣다 보면 힘이 많이 빠졌다. 게다가 계속해서 새로운 판매자들이 생겼다. 누구나 쉽게 가지고 와 팔 수 있는 제품이었기 때문이다. 저가로 판매하는 새로운 경쟁자들에게 고객도 뺏기고 가격을 내려야 한다는 압박감이 들었다. 쌓여가는 불량 문의들 속에서 마진도 점점 줄어드니 지쳐갔다.

그러던 와중 결정적인 사건이 터지며 스마트스토어로 남의 물건 파는 것을 그만두기로 했다. 하루아침에 잘 팔던 물건을 더 이상 팔 수 없게 되어버린 것이다. 지적재산권 침해가 문제가 되었다. '지비츠'는 크록스 회사에서 상표권을 가지고 있고 내가 파는 것은 불법이라는 것이다. 수많은 사람이 이미 판매하고 있어 문제가 되는지 몰랐다. 물론 잘 몰랐다 하더라도 법을 어긴 건 잘못이다. 하지만 하루 만에 매출이 반토막 났다. 네이버의 단속을 운 좋게 피해간 판매자들도 있었다. 내가 못 팔게 된 틈을 타 그들은 승승장구하는 것을 보니 억울하고 분노가 일었다.

회사가 정한 대로 일하는 자유 없는 삶이 싫어 퇴사했는데, 회사를 나와서는 네이버에 종속되어 있었다. 남의 물건을 남의 사이트에서 판매하다 보니 여전히 나는 자율성이 없었다. 언제든 네이버가 "너 이제 못 팔아."라고 하면 수입이 당장 끊기는 것이었다. '네이버'라는 특정한 판매 플랫폼에 종속되지 않으려면 어떻게 해야 할까 고민했다. 답은 브랜드를 만드는 것이었다. 사실 스마트스토어를 시작할 때부터 언젠가 내 브랜드를 꼭 만들어야겠다고 꿈꿨는데 그 시기를 앞당기기로 했다. 내 웹사이트에서 맘 편하게 고객들에게 판매하고 싶었다.

뷰티 분야의 브랜드를 만든 이유는 단순했다. '괄사'를 팔면서 자연스럽게 뷰티 시장 트렌드를 자주 보다가 잘 팔릴 만한 아이템을 발견한 것이다. 마침 수요는 급증하고 있는데 판매자는 아직 별로 없는 기회의 상품을 포착했다. 흔히들 브랜드를 만들려면 자신이 엄청 잘 알고 있거나 좋아하는 것으로 해야 한다고 생각한다. 하지만 나는 특별히 뷰티 분야를 좋아하는 소위 말하는 '코덕(코스메틱덕후)'이 아니다. 다른 여자들과 비슷한 정도로 꾸미는 걸 적당히 좋아하는 평범한 사람이었다. 뷰티 분야 사업을 하게 되면서 이후에 공부하고 알게 되었을 뿐이다.

분야와 아이템은 정했지만, 브랜드 만들기는 너무 막연했다. 스마트스토어는 유튜브와 강의로 많이 알려져 있었는데 브랜드 만드는 법은 알 수 없었다. 특히 제조는 어디서 어떻게 해야 하는지 막막했다. 맨땅에 헤딩할 수밖에 없었다. 막막할 때면 "누군가도 이뤄낸 건데 나라고 못 하겠어?"라고 스스로 최면을 걸었다. 이 말은 불안감을 잠재우는 마법의 주문이 되어주었다. 인터넷 검색, 오프라인 시장 조사 등을 통해 공장을 찾아내서 전화를 걸고 무작정 방문했다. 공장 사장님들께 내가 처음이라 잘 모른다고 알려달라고 물어봤다. 솔직하게 도움을 구하니 사장님들은 친절하게 답해주셨다. 젊은 사람이 열심히 해보려 하는 게 기특해 보였던 것 같다.

첫 제품에 5천만 원이라는 거금을 써야 했는데 '다 못 팔면 어쩌지?' 하는 두려움이 올라왔다. 계약을 앞두고 한참을 망설였다. 언제까지 아무 선택도 못 하고 있을 수는 없었다. 5천만 원을 투자해 내가 얻을 수 있는 최상의 시나리오와 잃게 되는 최악의 시나리오를 생각해보았다. 최악의 경우 시간과 돈을 잃어도 '제품을 제조하고 브랜딩하는 법'은 소중한 지식으로 남는다. 냉정하게 판단해보니 충분히 도전할 가치가 있었다. 결단이 서자 그때부터는 아무리 힘들어도 밀고 나갈 수 있었다.

6개월 동안 우여곡절을 겪으며 드디어 뷰티 브랜드를 런칭했다. 지금 생각해보면 처음이다 보니 돈 낭비, 시간 낭비를 많이 했다. 하지만 그 시행착오 덕에 지금은 훨씬 빠르게 적은 돈으로 제품을 만들 수 있게 되었다. 내 생각이 맞았다. 한 번 제품을 만들어보니 두 번, 세 번 만들기는 훨씬 쉬웠다.

이제야 어디에 종속되지 않는 진짜 내 일을 한다는 생각에 설레며 스마트스토어에서 브랜드로 사업 2막이 시작되었다.

너를 보니
나도

:
구하기 시작하면 필요한 지식과 도움은
얼마든지 얻을 수 있다.

사업을 하다 보면 '이 길이 맞나?' 싶은 생각이 수없이 든다. 정답이 정해져 있지 않은 게임. 실패하면 소중한 돈과 시간을 잃는다. 직원들은 내가 모두 결정해주기를 바라고 나도 잘 모르는 상황에서 그럴싸한 길을 제시해야 한다. 확신이 없는 채로 다른 사람을 이끌기가 부담스러웠고 의지할 곳이 없어 외로웠다. 그런 나에게 멘토와 동료들은 포기하지 않고 지속해 나가는 힘이 되었다.

가장 빠르게 성장할 수 있는 방법은 내가 닮고 싶은 사람들을 주변에 두는 것이라고 생각한다. 사업을 결심하고 나는 적극적으로 비슷한 또래의 사업가들을 찾아다녔다. 가족 중 아무도 사업을 하지 않았고 친구들은 다 직장인밖에 없었다. 그래서 무작정 인터넷에서 찾아보았다. 네이버에 '창업', '스타트업', '사업'을 쳐보니 벤처포럼이 나왔다. 그곳에서 한 창업가를 만나 그 사람이 운영하는 독서 모임에 갔다. 알고 보니 그곳 말고도 사업가들이 모이는 독서 모임이 많았다.

독서 모임 말고도 사업에 관심 있는 사람들이 모이는 커뮤니티들은 정말 다양했다. 이런 커뮤니티는 SNS를 통해 찾을 수 있다. 나는 유튜브를 통해 사업에 대한 지식을 많이 얻었는데 이런 유튜버들은 대부분 사업 인사이트를 나누는 커뮤니티를 운영한다. 오프라인 모임을 열면 꼭 참석해서 나를 알리고 사람들을 얻었다. 이런 방식으로 친해진 사업가들이 생기고, 그 사람들을 통해 새로운 분들을 소개받았다. 믿을만한 사람들과 스터디를 하면서 서로 새롭게 배운 지식을 공유하고 같이 밥을 먹으며 힘든 일을 털어놓고 웃고 떠들며 위로가 되었다. 특별한 것을 배우지 않아도 그저 같이 밥을 먹는 것만으로도 힘이 되었다. 치열하게 투쟁해야 얻어낼 수 있는 삶이었지만 우리가 목표를 향해 나아가는 모습은 반짝였다. 나 또한 그렇게 반짝이고 있을 거라는 것을 그들을 통해 보았기 때문일까? 모임이 끝나고 나면 나도 모르게 힘이 샘솟았다.

비슷한 처지의 동료에게서는 위안과 공감을, 나보다 앞서 나간 선배들에게서는 가르침을 얻었다. 하지만 더 큰 성장은 내가 아는 것을 나눌 때 일어났다. 우연히 독서 모임의 모임장을 하게 되었다. 이전부터 나는 여자들이 사업을 시작했으면 좋겠다는 바람이 있어 여성 전용으로 독서 모임을 만들었다. 그런데 놀라운 일이 생겼다. 우리 모임을 통해 우울증이 사라지고 다시 웃게 되었다고 하는 사람이 생기고, 퇴사하고 새로운 일을 할 용기를 얻었다는 사람이 생겼다.

무엇보다 내가 더 크게 변화했다. 그동안 나는 나 스스로 자신이 없었다. 아는 것도 부족하고 사업도 잘 못 한다고 생각했다. 그런데 이제 막 시작하려는 사람들을 만나보니 내가 알려줄 수 있는 것들이 정말 많았다. 나에게는 어느새 너무도 당연한 일이 누군가에게는 귀한 깨달음이 되었고, 나의 경험이 누군가에게는 따스한 위안이 되었다.

모임을 운영하면서 세상 밖으로 나를 드러낼 용기를 얻게 되었다. 사실 그전에도 유튜브를 했지만, 어느 순간 자신이 없어 유튜브를 멈췄는데 충분히 내가 다른 사람들에게 도움을 줄 수 있다는 자신감이 생겨 다시 할 수 있었다. 유튜브로 지식을 무료로 나누는 게 손해처럼 보이지만 나눌수록 가장 크게 성장하는 것은 나 자신이다. 잘 알려주기 위해 더 제대로 공부하게 되고, 계속 새로운 도전과 연구를 지속하게 된다. 유튜브를 통해 퍼스널브랜딩이 되면서 공신력 있는 기관에서 강의할 기회도 생겼다. 독서 모임은 '퀸덤'이라는 여성 사업 커뮤니티로 발전시켜 계속 이어가고 있다.

나도 처음에 유튜브를 보고 사업을 시작했는데 어느새 나도 다른 사람들에게 알려주는 사람이 되었다. 그만큼 창업은 누구나 할 수 있고 특별한 전문지식이 필요한 것이 아니다. 유튜브만 찾아봐도 정말 좋은 내용들이 많다. 책에서도 값진 정보를 얻을 수 있다. "나도 할 수 있다."라는 패기만 있으면 누구나 창업을 할 수 있다. 실제로 해낸 사람을 보면 그 확신을 얻을 수 있다. 내가 사업 선배들을 보고 동기부여를 얻었듯이 누군가가 나를 보고 도전을 할 때 정말 보람차다. 도움을 받을 수 있는 곳이 많으니 주저하고 있다면 용기를 냈으면 좋겠다.

첫 실패의
아픔

:
스스로 문제를 직면해야 새롭게
나아갈 길을 찾을 수 있다.

 나의 첫 브랜드는 아픈 새끼손가락이다. 사실 그동안 살면서 큰 실패를 겪어본 적이 없었다. 국내 Top 3 외고에 들어가고, 명문대인 연세대학교에 입학하고, 국내 최고 기업인 삼성전자에 입사했다. 스마트스토어도 시작한 지 1년 만에 월 매출 8천만 원을 만들었다. 열심히 하면 성과를 내는 게 당연하다 생각했다. 내 브랜드도 열심히 하기만 하면 무조건 잘될 거라고 자신만만했다. 설레는 포부를 안고 브랜드를 시작했지만, 그때부터 진정한 시련이 시작되었다. 지난 1년 나는 실패의 아픔에 방황하고 괴로워했다.

처음 만들었던 제품은 셀프로 속눈썹 펌 시술을 할 수 있게 만든 키트였다. 당시 코로나로 인해 셀프 시술이 유행하면서 찾는 사람이 많았다. 게다가 아직 판매자가 적어 기회가 충분했다. 소규모 브랜드들이 신제품을 알리는 웹사이트 '와디즈(www.wadiz.kr)'에서 야심차게 제품을 런칭했다. 예상대로 잘 됐다. 실시간 랭킹 1위에 오르고 누적 2억 3천만 원을 판매했다. 하지만 화려한 겉보기와 달리 속은 부실했다.

원가도 높은데 광고비를 너무 많이 써서 수익이 거의 남지 않았다. 더 큰 문제는 와디즈 이후였다. 우리 웹사이트에서는 판매가 부진했던 것이다. 판매를 일으키기 위해 광고를 계속했는데, 그만큼 매출이 나오지 않아 점점 적자를 보는 구조가 됐다. 그래서 나는 사업 잘한다는 사람들의 강의를 찾아다녔다. 강의에서는 광고를 더 잘 만들어야 한다고 했다. 수없이 광고를 만들었지만 상황은 변하지 않았다. 아니, 오히려 더 악화되었다. 그전에 번 돈을 다 쓰고도 부족해 정부지원자금으로 빌린 대출금도 바닥이 나고 있었다. 어느새 신용 불량자,

개인회생 이런 말들이 남 일 같지 않았다. 불안감이 극에 달하고 나는 능력 없는 사람이라는 생각이 들었다.

내가 나를 못 믿으니 새로운 강의들을 찾아다니는 악순환이 반복되었다. 강의를 많이 들을수록 머리만 계속 커지고 손발은 따라오지 못했다. '이거 해라, 저거 해라…' 해야 하는 것들은 머릿속에 가득해졌다. 내 몸은 하나인데 언제 다 하나 조급함만 커졌다. 수많은 사람의 수많은 이야기가 나를 더 혼란스럽게 하고 있었다. 결국 골방에 틀어박혀 혼자만의 시간을 갖고 글을 쓰기 시작했다. 문제를 해결하려면 뭐가 문제인지부터 들여다봤어야 했다. 하지만 나의 부족함을 마주하기 싫어 계속 문제를 제대로 보려 하지 않았다. 진짜 중요한 것은 새로운 방법들을 배우는 게 아니었는데 말이다.

'나는 왜 사업을 시작했지?' 생각해보니 그 안에는 인정받고 싶은 마음이 있었다. 내가 이런 것도 만들고 이렇게 잘됐다고 세상에 보여주고 싶었다. 있어 보이는 척, 멋져 보이는 척하려고 돈을 너무 많이 썼다. 돈이 부족한 스몰브랜드에서 빅브랜드가 하는 방식의 마케팅을 따라 했으니 뱁새가 황새 쫓아가느라 가랑이가 찢어진 것이다. 시작은 작게 하면서 단단하게 팬층을 쌓고 난 다음 돈을 더 투자했어도 충분했다는 것을 알게 되었다.

문제를 피하고 도망칠 때는 문제가 더 크게 보였다. 하지만 문제를 직면하니 그저 해결하면 될 뿐이었다. 두려움이 가라앉고 오히려 차분해졌다. 이후 나는 어떻게 하면 최소비용으로 제품을 만들 수 있을지 연구했다. 첫 브랜드의 뼈아픈 실패를 바탕으로 두 번째 브랜드를 만들기 시작했다. 실패의 원인을 찾아 바로잡았다.

첫 제품은 5천만 원이나 들여 만들었지만, 이번에는 300만 원으로 만들었다. 첫 제조를 통해 비용이 많이 발생하는 부분들을 파악했기 때문에 가능한 일이었다. 화장품은 소자본으로 시작하기 좋은 아이템이다. 화장품은 원가가 낮아서 제조비가 상대적으로 적게 들며, 국내에 좋은 제조 공장들이 많고 제조 퀄리티가 상향 평준화되어 있다.

생각해보면 스마트스토어를 처음 시작했던 때 나는 돈을 쓰지 않고 할 수 있는 마케팅들을 연구했다. 인터넷에 글을 하나라도 더 남겨보려 했고 고객들에게 직접 손편지를 써서 배송하며 정성을 다했다. 스마트스토어에서 브랜드로 넘어가면서 나는 구멍가게 마인드가 아니라 기업가 마인드를 가졌다. 아직 그만한 때가 아니었는데 말이다.

최근 유튜브에서 '새터'라는 의류 브랜드를 2년 만에 연 매출 100억으로 성장시킨 손호철 대표의 인터뷰를 보았는데 그분의 말이 참 인상 깊었다. 브랜드의 초기에는 '브랜딩'이 아니라 '생존'을 목표로 해야 한다는 말이었다. '있어 보이는 것'보다 중요한 것은 '어떻게든 판매하고 수익을 내는 것'이었다. 무료 체험단, 리뷰 이벤트 등 생각해보고 찾아보면 적은 돈으로 할 수 있는 마케팅들이 분명히 있다. 이제는 나의 현재 상태에 맞춰 예산을 먼저 정하고 어떻게든 그 안에서 할 수 있는 마케팅을 찾아서 하고 있다.

결국 정답은 강의나 다른 사업가들이 알려주지 않았다. 오직 나 스스로 깊이 파고들었을 때 해결책을 찾을 수 있었다. 실패를 받아들이는 것은 뼈아팠지만 이 과정을 통해 나는 '~한 척' 하는 마음을 내려놓고 자본금을 신중하게 써서 사업을 해야 한다는 것을 깨달았다.

앞으로도 실패는 또 찾아올 것이다. 그리고 나는 또다시 아플 것이다. 하지만 실패를 통해서만 제대로 교훈을 얻을 수 있다는 것을 안다. 실패로 얻은 깨달음으로 다시 방향을 잡고 꾸준히 나아간다면 세상이 원하는 방향과 나의 방향이 일치하는 때가 온다. 내가 답을 찾을 수 있다는 것을 믿고 문제로부터 도망치지만 않는다면 말이다.

세 번 보기

:
기준을 타인에게 두지 말고
나만의 성공 방법을 찾자.

3년간 사업을 해오며 수많은 사람을 만나 느낀 점은 성공 방법은 사람마다 다르다는 것이다. 각양각색 사람마다 특성이 다르듯 다양한 사업들이 존재했다. 그들이 하는 사업을 자세히 보니 자신의 과거 경험이 그대로 반영되어 있었다. 허름한 반지하 부동산을 저렴하게 경매로 매입한 뒤 배달 전문 가게로 임대하는 분이 있다. 그분은 알고 보니 과거에 족발 가게, 곱창집 등 음식점을 하다 여러 번 망했다고 한다. 하지만 그 경험 덕에 식당 사장들의 니즈를 알 수 있어 부동산으로 오히려 성공했다. 사람들을 모아 미국식 파티를 열어 돈을 버는 친구가 있었다. 이 친구는 극강의 친화력을 가진 외향적인 ENFP 성향에 오랜 해외 생활을 경험했다. 그 경험과 성향을 살려 모임을 사업화한 것이다.

시작한 지 얼마 안 돼서 빠르게 성공한 사람들은 모두 알고 보면 그 성과를 만든 과거 경험들이 있다. 컴퓨터 하나로 혼자 시작해 6개월 만에 월 순익 3,000만 원을 만든 마케팅 대행사 대표님이 있다. 이분은 왜 이렇게 자신만 빨리 성공했는지 모르겠다고 하셨지만 나는 그 이유를 그분의 과거 경험에서 찾았다. 호떡 장사, 꽃집 등 오프라인 장사를 20대부터 해왔는데 장사를 통해 다져진 서비스 마인드가 자기도 모르게 배어 나왔을 것이다. 장사의 종류는 바뀌었지만 결국 본질은 고객을 만족시키는 것이라는 지점은 동일하니 말이다.

"나는 사업을 해본 적이 없는데 어떡하죠?"라고 걱정하지 않아도 된다. 사업이 아니어도 분명 나는 이런 환경에서 이렇게 할 때 좋은 결과가 났던 경험이 있을 것이다. 그것이 자신의 성공 방법이다. 그것을 나답게 일로 풀어내 보자. 나 또한 나의 성공 방식을 과거 경험에서 찾았다. 학창시절 나는 시험 보는 것 하나는 정말 자신이 있었다. 몇 번 시행착오를 반복하면서 나에게 맞는 필살기를 찾았기 때문인데 그 비결은 바로 '세 번 보기'다.

공부하는 시간은 지루하다. 머릿속에 잘 들어오지도 않는다. 이해가 안 되고 막히는 순간이 오면 책을 덮고 침대에 눕고 싶은 마음이 든다. 하지만 나는 이해가 안 되는 부분은 그냥 넘기고 어떻게든 끝까지 책을 다 보았다. 부족하더라도 책을 한 번 다 본다는 것 하나만 목표로 삼는 것이다. 그리고 같은 책을 두 번째 본다. 신기하게도 첫 번째는 이해가 안 되던 것들이 이해되기 시작했다. 전체의 흐름을 파악했으니 다시 보면 그 앞뒤 맥락을 알아 세부적인 부분들이 이해가 되는 것이다. 마지막으로 세 번째로 책을 다시 본다. 이때는 짧은 시간에 훑어볼 수 있게 된다. 억지로 암기하려 하지 않아도 저절로 머릿속에 내용이 외워졌다. 이 상태로 시험을 보면 1등급, A+는 문제가 없었다.

마치 "교과서만 보면서 공부했어요."라는 전교 1등의 뻔한 말처럼 들리려나? 하지만 결코 쉽게 거저 얻어낸 것이 아니다. 공부를 잘해도 지루하고, 괴롭고, 하기 싫은 것은 마찬가지다. 무엇을 위해 이렇게까지 버티나 울고 싶었고, 다 포기하고 그냥 쉬고 싶은 마음과 매 순간 싸워야 했다. 하지만 그 당시 내가 내 삶을 위해 할 수 있던 최선의 선택은 공부하기였다. 그래서 묵묵히 앉아 버텼다. 이게 최선이라면 쟁취해서 최고가 되자는 마음이 나를 공부의 달인으로 만들었다.

학창 시절로 예를 들었지만, 이 방식은 내 사업에도 똑같이 적용될 것이다. 나의 성공 방법은 세 번 볼 때까지 버티기다. 처음에는 큰 그림을 익힌다. 두 번째는 세부적인 것을 파악한다. 마지막 세 번째는 그동안 익힌 것들이 퍼즐 조각 맞추듯 맞춰지며 완성된다. 첫 번째, 스마트스토어로 나는 0에서부터 시작해 판매하는 법을 배웠다. 온라인 마케팅에 대한 전체적인 감을 익혔다. 두 번째, 브랜드를 만드는 시도를 통해 물건을 만드는 법, 고객과 관계 맺는 법, 비용을 관리하는 법을 알게 되었다. 다시 만든 새로운 브랜드, 이 세 번째 시도가 절정의 퍼포먼스를 내는 나의 세 번 보기가 되지 않을까? 안 되면 다시 또 하면 된다. 나의 성공 방법은 반복이니 말이다.

이 글을 읽는 분들은 타인의 방법을 찾아 헤맸던 나의 과오를 반복하지 않았으면 좋겠다. 결국 나를 나답게 드러내는 것이 성공이라고 생각한다. 누구도 내 삶을 대신 살아주지 못하는 것처럼, 다른 사람에게 배울 때 배우더라도 내 것으로 변형하고 소화하는 시간이 반드시 필요하다. "누구는 이렇게 산대.", "누구는 저거로 돈 벌었대."라는 말에 휘둘리지 않고 자신만의 성공 방식을 찾는 여정을 걸어가면 좋겠다.

(황나겸)

단돈 30만 원으로 친구를 돕기 위해 무작정 시작한 사업을 5년 만에 연 매출 80억의 쇼핑몰로 만들었다. 이후 남들이 꿈꾸는 외적으로 충족된 삶이 아닌, 내면을 채우기 위해 회사를 나와 2년간 나를 찾는 여행을 했다. 지금은 건강한 삶을 추구하며 미라클모닝, 목표달성모임 등 동반 성장을 함께하는 '러브미' 커뮤니티를 운영하고 있다.

:

ENFP, 행동, 존재감, 공정성, 적응, 사교성의 강점을 가진 30대 여성.

• 커뮤니티 비지니스

패션쇼핑몰 CEO에서

커뮤니티 대표가
되기까지
/

아무도 모른다.
당신이 뭘 할 수 있고,
뭘 할 수 없는지

:

당신의 가장 큰 결핍을 찾아라.
그것을 극복하려 할 때 인생의
터닝포인트를 만날 수 있다.

내가 태어나 서른 살이 되기까지, 무려 40번의 이사를 했다. 흙수저라는 단어를 들을 때면 마치 나를 지칭하기 위해 존재하는 말 같았다. 작은 단칸방에 차가운 겨울이 찾아오면 패딩을 껴입고 쭈그린 채 잠을 청했다. 방을 데울 기름조차 내게는 사치였다. 부엌에는 장판 한 겹도 깔리지 않아 거친 시멘트 바닥이 그대로 드러나 있었고, 유일하게 수도가 있던 그 부엌은 곧 삭막한 샤워실이기도 했다. 겨울에 보일러를 뗄 기름이 없어 뜨거운 물이 나오지 않는 건 예삿일이었다. 빨간 대야에 찬물을 받아놓고 버너로 데운 뜨거운 물을 섞어야 겨우 샤워를 할 수 있었다. 매 순간 가난은, 나를 빠져나갈 수 없도록 옭아맸다.

스무 살부터 힘겨운 상황 속에서 아르바이트와 공부에 시간을 쏟으며 끝나지 않을 것 같던 3년을 보냈다. 3년 만에 국가고시에 합격했고, 합격과 동시에 바로 취업을 할 수 있었다. 드디어 가난에서 벗어났다고 생각했다. 허나 첫 직장 월급은 120만 원이었다. 매달 생활비도 턱없이 부족한 마당에 아빠의 병원비와 월세, 관리비 등등 한 달에 나가는 돈을 생각하면 앞이 깜깜했다. 수십 번을 생각해도 월급 120만 원으로는 절대 이 가난에서 벗어날 수 없는 것이 현실이었다.

어렵사리 퇴사를 선택하고, 다시 공부하기로 마음먹었다. 더 나은 내 월급과 미래를 위해 다른 대학교에 편입하기로 한 것이다. 고심해서 선택한 길인 만큼 열심히 편입 준비를 했다. 그리고 전주에선 가장 좋은 대학이라고 불리는 전북대에 들어갔다. 고등학교 때 반에서 3, 4등은 해야 들어갈 정도로 그 지역에서는 이름이 있는 학교였다. 항상 전교 1등을 놓치지 않던 언니는 전북대를 졸업하고 농협에서 근무하는 은행원이 되었다. 그래서 '나도 이제 전북대에 진학했으니 언니처럼 농협에 가야겠다.'라고 생각했다. 편입하게 된 두 번째 학교는 겪어본 적 없는 놀라운 세계였다.

시험 기간 동안 매일 밤을 샐 정도로 모두가 열정적이었다. 그들과 함께 있으니 내가 성장하는 기분이 들었다. 그 기분은 시간이 지날수록 '주변 사람들이 바뀌면 나도 변화하고 성장할 수 있겠다.'라는 믿음으로 변했다. 살면서 처음 느껴보는 것들이었지만 계속 경험하고 싶었다. 그때 처음으로 환경을 바꾸면 내 삶도 바뀐다는 것을 확신했다. 그리고 그 환경은 어떤 사람들과 함께하는지가 중요하다는 것도 몸소 체험하고 있었다.

전북대학교에서 수업받은 지 1년 되던 날, 친구에게 전화가 왔다. 수화기 너머로 들리는 흐느낌에 걱정이 되어 한달음에 친구의 집으로 뛰어갔다. 친구는 반쯤 정신이 나가 있었다. 그러고는 내 다리를 붙잡고 털어놓았다. "내가 운영하던 쇼핑몰이 망했어. 사무실도 내놨는데 나가질 않아. 이제 빚만 5천만 원이야. 나 어떻게 해야 할지 모르겠어. 너무 무서워."라면서 울었다. 나는 친구의 슬픔을 모른 척할 수 없었다. 어디서 나온 용기인지 모르겠지만, "내가 도와줄게! 방학 3개월 동안 같이 해보자."라며 친구를 일으켜 세웠다.

당장 가장 급한 문제부터 해결해야 했다. 먼저 사무실이 몇 개월 동안 나가지 않는 상태였기 때문에 필요 없는 지출을 하고 있었다. 급한 대로 나는 주변 부동산에 전화를 돌리기 시작했다. 사무실의 장점을 적고 예쁘게 찍은 사진까지 첨부해 문자로 발송했다. 그리고 내가 운영하던 블로그에도 글을 작성했다. 누가 봐도 가성비 좋은 매물이라고 느끼도록 심혈을 기울여서 작성하고, 신경 써서 고른 관련 키워드를 나열했다. 운이 좋았던 것인지 노력이 통했는지, 일주일 뒤 부동산에서 연락이 왔다. 그리고 그동안의 고민이 무색할 만큼 쉽게 계약을 마쳤다. 첫 번째 문제를 해결하고 나니 스스로가 기특하게 느껴졌다. 하나의 문제를 해결하니 다음 문제를 해결할 자신이 생겼다.

쇼핑몰을 살리기로 마음먹은 날부터 쉬는 날이 없었다. 매일 수첩에 할 일을 적고 2주에 한 번씩 동대문으로 출근했다. 전주에서 가장 늦은 야간버스를 타고 동대문으로 올라와 상품사입을 하고 거래처에 인사하면서 샘플을 받으러 다녔다. 그렇게 온 동대문 시장을 미친 듯이 뛰어다녔다. 밤새 뛰어다니다 아침 5시에서 7시 사이에 전주로 내려오는 첫차를 탈 수 있었다. 전주로 돌아오는 시간 동안 버스에서 잠을 청했다. 누가 업어가도 모를 만큼 뻗어서 잠들어버리는 날도 있었지만, '이 상품을 이렇게 촬영하면 고객들이 좋아할 거야!'를 생각하다 보면 잠이 달아나기 일쑤였다. 버스에서 내리자마자 친구의 다락방으로 달려갔다. 친구네 집으로 상품들이 도착하자마자 하나하나 포장을 풀고 상품 사이즈 측정, 상세 컷 촬영, 모델 섭외, 포토샵으로 상품보정, 업로드를 하루 종일 하고 나면 늘 캄캄한 새벽이었다.

사업을 시작하고 3개월 동안 밤낮을 가리지 않고 죽어라 일만 반복했다. 쇼핑몰을 살리는 문제는 생각보다 만만치 않았다. 하지만 학교에서 풀어야 했던 문제들은 나를 무기력하게 만들었던 반면, 이 일은 그렇지 않았다. 누구의 눈치도 볼 필요 없이 문제에 대한 답을 내 방식대로 스스로 풀어내면 되는 일이었다. 그 풀이 과정에 모든 것을 생각하고 행동해서 결과를 내야 한다는 압박감이 있었지만, 그 도전 자체가 날 더 뜨겁게 움직이도록 만들고 있었다. 그 시간들 덕분에 주체적인 삶이 행복하다는 사실을 배울 수 있었다.

매일 아침 정한 'to do list'는 어떻게든 모두 해내고 지워나갔다. 내가 하기로 한 일을 하지 못하면 죽는다고 생각했다. 나 자신을 극한으로 밀어붙여 사업의 모든 업무를 스스로 해나갔다. 시간이 지날수록 더 많은 것을 터득해 나가고 있었다. 나중에는 동대문 시장에 가면 몸이 이상 반응을 할 정도였다. 잠 많은 내가 새벽시장에만 가면 잠이 저절로 깨면서 눈빛이 살아나고 가슴이 두근거렸다.

5천만 원의 적자로 시작했던 사업을 성공시키기 위해서 내가 할 수 있는 일은 두 가지였다.

첫째, 문제에 대한 답을 찾기 위해 스스로 생각할 것

둘째, 생각한 내용을 곧바로 실행할 것

지금 그때를 회상하면, 다시 돌아가고 싶지 않을 만큼 모든 것을 쏟아부었다. 그리고 생각해보곤 한다. '만약 남들처럼 평범한 가정에서 결핍 없는 삶을 살았다면, 스물네 살에 사업을 시작해 매진할 수 있었을까? 그리고 지금처럼 성장할 수 있었을까?'라고 말이다. 그때의 나는 그만큼 간절했고 다른 방법이 없었다. 나의 지긋지긋한 가난은 인생의 가장 중요한 시기에 사업을 선택하게 했다. 그리고 가장 힘든 시기에 무엇보다 큰 원동력이 되었다.

나만의 강점을 찾기 위해
나를 공부한다

:

타고난 재능이 없다고 좌절할 필요 없다.
이미 가지고 있는 강점을 제대로 알지 못해
활용하지 못하고 있는 것뿐이다. 지금 당장
나의 강점을 메모지에 적어 보자. 그리고
그것들을 훈련할 수 있는 장을 찾아라.

사업을 시작하고 5년 동안 쇼핑몰의 매출은 급격히 증가했다. 매출이 증가할수록 나의 자만감도 걷잡을 수 없이 커져갔다. 이전에 없던 큰 성공을 거듭하면서 남들은 해내지 못한 일을 하고 있다는 착각에 빠져있었다. 매출의 성공과는 별개로 내 내면의 성장은 느렸기 때문에 더욱 외적인 성공만을 추구하고 고집했었다. 이러한 나에게 필요한 것은 나의 잠재력을 스스로 찾는 과정이었다. 내 안의 잠재력을 찾는 데 가장 큰 도움이 됐던 것은 나 혼자만의 시간을 갖는 것이 아니라 오히려 사람들과 어울리며 리더의 역할을 책임졌던 경험이었다.

막연하지만 내가 되고 싶은 리더의 모습은, 뭐든지 완벽하게 처리하며 리더로서의 위엄이 있는 사람이었다. 당연히 내 현실의 모습과는 차이가 컸다. 사업을 키워나가려면 리더의 자격에 대해 생각해볼 필요가 있었다. 내가 쇼핑몰 사업을 하면서 느꼈던 리더는 세 가지 능력이 꼭 필요했다. 하나, 객관적인 평가 능력, 둘, 인재 개발 능력, 셋, 단순화된 시스템을 만드는 능력이다.

리더가 모든 것을 혼자 다 잘해 내는 것은 불가능에 가까운 일이다. 특히 규모가 어느 정도 커진 후에는 적절한 인재를 채용하는 것이 꼭 필요하다. 그때, 사람들의 강점에 집중해야 한다. 안타깝게도 사람들은 자신에게 집중했던 경험이 부족해 자기의 강점을 잘 모르고 사는 경우가 많다. 하지만 리더가 그 강점을 잘 찾아 적절한 업무에 배치한다면, 그 직원뿐만 아니라 리더와 회사에게도 엄청난 영향을 끼치게 된다. 자신의 강점을 새로 바라보게 된 직원은 자신에게도 성장의 발판이 마련되었다고 스스로 여기게 되는 것이다. 이는 누구에게나 무엇보다 강력한 내적인 동기부여가 되어주기 때문에 업무에서도 의미 있는 결과물로 나타난다. 당연히 리더에게도 긍정적인 영향을 끼칠 수밖에 없는 것이다.

처음 직원을 늘리던 시기는 혼돈의 시기였다. 직원이 두 명이었다가 급격히 인원이 많아지고, 팀 단위로 커지면서 나의 부족함은 여실히 드러났다. 특히 직원 간에 서로 의견을 조율하는 일은 쉽지 않았다. 나조차 나를 믿을 수 없을 지경이었다. 그러다 우연히 '갤럽 강점 검사'를 하게 되었다. 나의 1순위 강점은 '행동'이었다. 물론 이런 검사 결과를 온전히 다 믿는 것은 아니었지만, 그 검사로 나의 강점을 다시 한번 확인할 수 있었다. 나는 행동력이 강한 사람이었고, 해야겠다는 결심이 서면 바로 행동으로 옮기는 사람이었다. 진짜 리더가 되겠다고 마음먹고, 나를 위해 나다운 방법으로 행동하기 시작했다.

가장 먼저 직원들과의 1:1 면담을 시작했다. 개개인의 이야기를 경청했고, 앞으로 회사의 방향성을 구체적으로 제시해주었다. 뿐만 아니라 각 팀의 목표를 설정해주고 팀 간 원활할 수 있도록 조율해주었다. 문제 해결을 할 사람은 리더인 나뿐이었기 때문이다. 전체 직원 앞에서 말하기를 어려워하던 소극적인 나에게 1:1 면담은 나다운 방향이었고 전체를 상대하는 것보다 훨씬 편한 방법이었다. 만약 내가 드라마에서 본 것처럼, 전체 직원들 앞에서 똑 부러지게 말하는 리더가 되기만을 바랐다면 어땠을까? 아마 나는 더욱더 직원들 앞에 서기를 꺼렸을 것이 분명하다. 무조건 지시하는 것만 강조했을지도 모른다. 하지만 눈을 맞추고 따뜻하게 대하니 리더로서 휘어잡는 카리스마는 부족했을지라도 마음으로 나를 따르는 직원들을 만날 수 있었다.

직원들의 강점을 알아보는 일은 면접부터 시작된다. 웹디자이너로 지원하신 분의 면접이었다. 면접에서 실무 테스트를 진행했으나 우리가 원하던 방향의 웹디자이너는 아니었다. 하지만 이력서에 적힌 SNS를 살펴보고 대화를 나눠보니 MD로 어울릴 법한 분이었다. 나는 그분을 웹디자이너가 아니라 MD로 채용했다. MD가 무엇이냐고 묻던 지원자는 MD 부서의 첫 직원을 거쳐, 팀장, 그리고 열 명의 직원을 총괄하는 실장까지 오르며 능력을 뽐내 주었다. 면담을 중요하게 여기면서 직원들뿐 아니라 나도 사람들의 관심사, 잘하는 것을 알아보는 눈을 뜨게 된 것이다. 그 눈은 회사를 키우면서 나에게 큰 강점이 되어주었다. 리더로서의 분명한 성장이었다.

쇼핑몰의 매출이 올라갈수록 더욱더 단단해진 강점은 역시 '행동'이었다. 온라인에 기반한 쇼핑몰은 오프라인 매장과는 분명 다르다. 매출 성장을 위해서는 고객이 보는 페이지에 표출되는 이미지가 중요할 수밖에 없다. 그래서 매일 새벽까지 패션 트렌드를 보고 또 보면서 분석했다. 그리고 바로 우리 사이트에 적용했다. 접속되는 수가 적어진다거나 구매 전환율이 감소하는 등의 문제점이 발견되면 원인을 찾을 때까지 매달렸다. 그리고 끝내 원인을 찾아냈다. 뭔가 잘못되고 있다는 의심에서 멈춘 것이 아니라 끈질기게 움직여서 이유를 찾아낸 것이다. 그렇게 행동하고 개선하는 것을 반복하다 보니 매출 증가는 가속도가 붙었다. 매 시즌 트렌드를 익혔던 안목으로 구상하고 기획하면 어김없이 매출이 올랐다.

성장이 없는 성공은 진정한 성공이 아니었다. 만약 내가 매출 달성에만 눈이 멀어 자신의 강점을 찾는 과정, 직원들의 잠재력을 찾아내려는 노력을 통해 성장을 생각하지 않았다면 어떻게 되었을까? 나의 강점을 알아내는 과정은 결국 나의 강력한 무기를 찾게 해주었다.

온라인사업도
결국 사람과의 만남이다

:

브랜드를 튼튼하게 만들어 주는
고객의 의견을 소중하게 생각하고
소통하라. 소통에 충실하다면, 입소문은
나도 모르는 사이에 퍼지게 될 것이다.

내가 운영한 쇼핑몰은 트렌드에 맞는 빠른 상품 소싱과 마케팅이라는 강점을 갖고 있었지만, 그 점을 알리기 위해 시간과 비용을 쓰는 데는 한계가 있었다. 광고비를 쓰지 않고, 고객의 만족도를 높이고 재구매로 이어지게 하려면 어떻게 해야 할지 고민했다. 그래서 처음으로 시도한 것이 손편지였다. 지금은 흔하게 볼 수 있는 방법이지만, 당시에는 흔치 않은 방식이었다. 인력과 시간의 소모가 큰 작업이었기에 쉽지 않았지만, 우리 쇼핑몰을 기억에 남게 하는 것이 더 중요하다고 판단했다.

편지를 보내던 초반에는 고객에게 마음이 잘 전달되었는지 궁금했다. 마치 소중한 사람에게 편지를 쓰듯 한 글자 한 글자 꾹꾹 눌러 담았다. 어느 정도 기간이 지나자 답장이 오기 시작했다. 바로 '포토 후기'였다. 우리의 손편지에 감동한 고객들이 자발적으로 포토 후기를 남겨준 것이다. "상품을 구매했는데 생각지도 못한 손편지가 감동이에요. 다음에 또 구경하러 올게요." 진심이 전달된 것 같은 기쁨에 후기를 읽고 또 읽었다. 물론 당장 매출 상승에 직접적인 영향을 주진 않았지만, 시간이 갈수록 그 진가를 드러냈다. 그 후로 나는 더욱 확신을 갖고 고객과의 소통에 힘을 실었다.

그다음으로 한 일은 사이트에 등록된 고객 후기와 CS로 접수된 문의들을 살피는 것이었다. 재구매율을 늘리려면 고객이 불만족한 부분을 확인하고 개선해야 한다고 생각했기 때문이다. 한 건도 놓치지 않으려 애썼다. 특히 고객 불만 건에 대해서는 최대한 빠르게, 아무리 늦어도 일주일 내에 완벽히 처리하자는 원칙을 세웠다. 하루는 "상품이 불편해요."라는 후기를 발견했고 바로 고객에게 전화를 걸었다. 물론 나도 불만 섞인 고객의 목소리를 듣는 것이 쉬운 일이 아니었다. 그렇지만 고객의 불편함을 당연하게 여긴 것이 아니라 개선하기 위해 어떤 부분이 불편한지 양해를 구하고 자세히 물었다. 상품의 디자인 때문인지, 재질 특성 때문인지, 정확히 어떤 부위가 불편한지 체크했다. 나에게는 고객이 불평했다는 사실이 아니라 문제의 원인을 파악하는 것이 더 중요한 핵심이었기 때문이다.

한참을 통화한 뒤에는 고객이 불편하다고 하는 신발을 직접 받아 신어보고 살펴보았다. 상품 자체에는 문제가 없었다. 나는 여기에서 그치지 않았다. 상품에는 이상이 없는데 불편하다는 고객은 왜 있는 것인지 답을 찾고 싶었다. 직접 신어보고 알아보는 과정에서, 불편함은 상품 자체의 문제가 아닌 고객 체형 상의 이유가 더 크다는 것을 확인할 수 있었다. 그리고 선천적으로 발볼이 넓거나 발등이 높은 경우 우리 상품을 편하게 신을 수 있는 방법이 없는지 고민했다. 온종일 답을 찾기를 며칠째, 눈에 보이지 않던 기계가 갑자기 눈에 확 띄었다. 구두수선집에서 신발의 발볼을 넓혀주는 기계였다. '바로 이거다! 상품을 보낼 때 신발의 발볼을 늘려주는 서비스를 만들자!' 지금 당장 우리 상품을 편하게 신을 수 있도록 고객을 돕는 방법을 찾은 것이다.

이 또한 수작업이라서 인력과 시간이 필요한 일이었지만 내게 가장 소중한 사람이 신을 신발이라고 생각했다. 그렇게 생각하니 꼭 필요한 해결책이라는 결론이 나왔다. 다른 업체에는 없는 서비스였기에, 구두 수선을 맡기지 않아도 되고 시간 절약을 할 수 있다는 등의 긍정적인 후기가 달리기 시작했다. 뿐만 아니라, 유명 커뮤니티사이트에 우리 사이트를 추천하는 글들이 달렸다. 발볼 늘림 서비스로 새 신발도 편하게 신을 수 있는 곳이라며 우리를 소개해 주는 입소문 덕분에 광고비 없이도 고객들이 연결되었다. 고객의 불만에서 시작한 물음이 차별화된 새로운 서비스로 탈바꿈한 것이다. 물론 새로운 서비스는 매출에서도 성공적이었다. 발볼 늘림 서비스 이후 10% 이상 높아진 재구매율이 쇼핑몰의 성공을 뒷받침해 주었다.

쇼핑몰 시작 3년 만에 우리는 오프라인 매장 1호점을 오픈했다. 지금도 그날을 생각하면 가슴이 벅차오른다. 오픈 당일, 100명이 훌쩍 넘는 고객들이 매장 앞에서 줄을 서서 기다리는 모습은 감동 그 자체였다. 한 분 한 분 눈을 맞추며 감사 인사를 나누었다. 3년 동안 온라인에서 글과 전화 통화로만 만났던 고객들이었다. 몇 년 만에 소중한 인연들을 만났지만,

전혀 어색함이 없었다. 감격에 벅찬 나에게 고객들은 모두 같은 이야기를 해주었다. "발볼 늘림 서비스 덕분에 몇 년 동안 신발 정말 편하게 신고 있어요."라고. 그리고 "SNS에 늘 댓글을 달아주셔서 내적 친근감에 언니라고 부를 뻔했어요."라고도 이야기 해주셨다. 우리가 인력과 시간을 들여 소통했던 방법들이 모두 빛을 발하던 순간이었다.

전국 각지에서 오픈 날을 손꼽아 기다렸다는 고객, 가족과 친구들까지 모두 우리 브랜드 신발을 신고 있다는 고객, 다시 한번 고객과의 소통이 얼마나 중요한지 느끼게 해준 감동의 시간이었다. 쇼핑몰 운영 3년 차에 접어들면서 조금은 해이해지던 찰나, 고객과의 오프라인 만남은 다시금 초심을 일깨워 준 계기가 되었다. 내가 온라인사업을 하시는 대표님들께 오프라인 행사를 꼭 권하는 이유이다. 백화점 등에 입점하는 팝업 스토어가 아니더라도 충분히 가능하다. 동네의 작은 플리마켓부터 시작하면 된다.

광고영상 속 상품이 좋아 보여서 고객들이 구매할 수도 있다. 하지만 지속적인 구매를 끌어내려면 결국 고객에게 신뢰를 주는 상품이 되어야 한다. 상품 자체의 완성도를 높이는 것은 물론이고, 고객에게 집중해서 소통하고 그에 맞는 서비스를 만들어 내면 신뢰가 쌓인다. 내가 지난 3년 동안 거의 매일 SNS에 콘텐츠를 업로드하는 것을 고객들은 모두 지켜보고 있었다. 댓글로 내 진심을 느끼고 고객 의견이 적극 반영되는 것을 보면서 신뢰를 쌓아온 것이다. 고객은 현명하다. 만약 지금 쇼핑몰의 매출이 오르지 않는다면 고객과의 대화에 집중하길 바란다. 가장 하기 싫고 느린 방법이지만, 진심은 결국 통한다는 것을 알았으면 좋겠다. 딱 1년만 고객에게 메시지를 남겨보면 어떨까? 진정한 소통을 하고자 한다면 분명 고객은 답할 것이다. 그리고 매출로 드러나게 될 것이다.

변화를 선택하는 유일한 방법, 프레임 깨기

:
세상의 프레임에 갇히는 것이 아닌
변화를 택하고 행동하라.
한 번의 용기 있는 행동이
놀라운 것을 선물해 줄 것이다.

우리는 태어나 자라면서 수많은 프레임을 갖는다. 이름은 물론, 게으르거나 부지런한 사람, 도전적이거나 회피하는 사람 등등 수많은 프레임을 갖고 살아간다. 특히 한계라고 느끼는 순간에는 더욱 그 프레임이 견고해진다. 그래서 변화하고 싶어도 어찌해야 할지 모르거나, 아무리 노력해도 변할 수 없다고 좌절하게 되기도 한다. 한계에 부딪혀서 포기하게 되는 것이다. 나 역시 대학생 때까지만 해도 다르지 않았다. 가난의 정점에서 마주하는 현실은 나를 늘 주눅 들게 했다. 나 스스로 내 주제를 깎아내리고, 할 수 없는 사람으로 단정 짓게 했다. 역시 나는 이렇게 가난하게 사는 사람이고 평생 벗어날 수 없다고 생각하면서 그 한계를 부숴내지 못하고 프레임을 움켜쥐었다.

내가 쇼핑몰 사업으로 성공을 하고 가난이라는 프레임을 던져버리고 보니 이제는 어렴풋이 알 것 같다. 한 번도 자신의 프레임을 던져버리지 못한 사람은 절대로 그 프레임을 볼 수조차 없다는 것을 말이다. 그래서 나는 나같이 지독한 가난을 겪은 흙수저일수록 반드시 성공하기를 바란다. 한계를 부수고 세상의 기준으로 만들어진 프레임을 벗어버린 뒤에야 앞으로 나아갈 수 있기 때문이다. 지금 내가 처한 현실, 나에 대한 주변의 평가, 이 모든 것들 속에 스스로 가두지 않기를 진심으로 바란다.

편입은 프레임을 깨기 위한 나의 첫 도전이었다. 이 작은 변화를 선택하자 내 삶이 송두리째 변하기 시작했다. 그리고 내가 통제할 수 있는 것부터 최선을 다해 실행하기로 결심했다. 물론 프레임을 던져내고 할 수 있던 첫 번째는 내 감정을 다스리고 현실을 직시하는 것이 전부였다. 내가 처한 현실을 인정하되 내가 할 수 있는 것에 집중하기로 했다.

사실 편입에 대해 심지어 가장 가까운 가족들마저 위험한 도전이라며 남들처럼 살기를 바랐다. 가난, 실패만 하는 인생, 더는 기회가 없다는 그 모든 프레임을 하나씩 던져버리고 내가 마주한 건 새로운 세상이었다. 쇼핑몰 사업도 그렇게 내가 선택한 길이었다. 프레임에 계속 갇혀 살았더라면 지금의 물질적 행복을 얻을 수 있었을까? 한계로 느껴지던 단칸방에서는 상상도 못했던 지금의 매장들, 슈퍼카, 50평의 집 등을 이룰 수 있었던 건 변화를 위한 도전 덕분이다. 그리고 돌아보면 편입이란 작은 변화가 쇼핑몰 사업을 시작할 때도 변화에 두려워하지 않는 힘을 기르게 해주었다.

사람들은 대부분 비슷한 변명을 한다. '시간이 없어요.', '돈이 없어요.', '더 바닥이 될까 봐 두려워요.' 온갖 핑계를 대면서 나만의 프레임을 계속 씌우기에 바쁘다. 그리고 그 프레임이 감옥이 되어버린 것도 모른 채 나를 지켜주는 안락함으로 착각해 버린다. 물론 당장은 너무나 편하다. 생각도 말도 행동도 어느 것 하나 바꿀 필요가 없기 때문이다. 하지만 정말 계속 그렇게 살고 싶은 것인지 반문하고 싶다. 우리에게는 언제나 더 나은 삶을 선택할 기회가 있으니 말이다.

강연이나 스터디, 코칭 등으로 많은 사람들과 만나면 내가 늘 하는 말이 있다.

하루 빨리 실패하고, 포기하는 법을 배우세요."

그 자리에 있던 사람들은 모르지만, 나는 알고 있다. 과거 남들의 눈에 비친 내 인생은 실패의 연속이었다. 가난했고 특출난 재능도 없었다. 첫 직장도 일주일 만에 그만두었고 대학도 실패했다. 사회 부적응자라고 말하는 것만 같았고 영영 밥값도 못하는 사람이 되는 건 아닌지 두려웠다. 하지만 그건 진짜 내가 아니었다. 주변의 말이 만든 프레임이고 내 두려움이 만든 허상이었다. 많은 사람들이 내 성공한 모습에 부러움을 드러낸다. 하지만 자신의 실패는 두려워한다. 내가 얼마나 많은 실패 뒤에 성공한 지 모른 채 말이다. 지금 돌아보면 나는 실패에 가장 감사하다. 실패를 통해 내 한계를 직면했고 빠져나올 수 있는 계기를 마련해 주었기 때문이다.

지금의 인생이 맘에 들지 않는다면 지금과 달리 살기를 선택하길 바란다. 반드시 그곳을 빠져나와 다른 세상을 향해 뛰길 바란다. 물론 버티는 힘이 필요할 때도 있다. 내가 원하는 삶, 꿈꾸는 삶이 있다면 내 미래를 꿈꿀 수 있는 곳에서 버티는 것이 백번 낫다. 처음에는 미래를 그리는 것조차 쉽지 않아서 머뭇거리게 될 것이다. 거창한 것을 내려놓고, 성공만 움켜줄 생각은 버려라. 실패하고 또 실패해야만, 더 좋은 방향으로 나아갈 수 있다. 시작이 어렵다면 지금 관심 있는 것, 해보고 싶은 것들을 함께하는 커뮤니티나 온·오프라인 모임을 찾아가는 것으로 한 발을 떼면 충분하다. 집 안에 웅크리는 대신, 집 밖에서 긍정적인 에너지를 나눌 사람들을 만나기를 바란다. 언제나 새로운 기회는 안전지대 밖에 있기 마련이다.

나에게 씌워지는 프레임을 보고 있는 것은 타인이다. 하지만 그 프레임을 꽉 움켜쥐고 놓지 않는 것은 나 자신이라는 것을 알았으면 좋겠다. 그 프레임은 앞으로 나아가지 못하게 하는 한계라는 지독한 벽이고 경험할 기회조차 주지 않는 끔찍한 쇠사슬이다. 쇼핑몰을 하면서 그간 내가 던져버린 프레임, 그리고 부숴버린 한계를 돌아보니 가장 확실한 해결책은 행동이었다. 우리에게 주어진 삶에 대한 책임은 변함없이, 선택으로 판가름이 나는 이유다.

가난은 내 잘못이 아니었지만, 내 삶에 대한 책임은 온전히 내 것이었다. 그러기에 나는 변화하기를 선택했고 전혀 다른 삶을 살면서 이렇게 글을 쓰고 있다. 달라지고 싶다면 변화를 선택하고, 꿈꾸는 미래를 현실로 만드는 것을 멈추지 않았으면 좋겠다. 멈추지만 않는다면 충분히 누리고 또 얻을 수 있으니까. 이 놀라운 세상을 만나보기를 바란다.

연매출 80억 CEO가 선택한
새로운 꿈

:

세상에서 가장 소중한 자산은
돈이 아니었다.
건강을 잃고 나서야 깨달은, 의미 있는
나의 자산은 나와 주변 사람의 행복을
채워가는 시간이었다.

 사업을 한 지 4년이 지났을 때, 뭔가 이상함을 느꼈다. 매달 순수익으로 5천만 원이 따박따박 수중에 들어오고 돈에 대한 갈증이 채워졌음에도 전혀 즐겁지 않았다. 매일 밤 가까스로 잠들어도 나는 늘 쫓기고 있었다. 편하게 잠들지 못하는 날이 늘어날수록 마음이 회복되지 않고 곪아갔다. 여행이라도 다녀오라는 권유에 쇼핑몰이 비수기인 시기 미국, 유럽 등 해외여행을 멀리 떠나 봤지만, 고통에서 벗어날 수는 없었다.

여행하면서도 온통 걱정투성이였다. '또 다음은 어떻게 경쟁에서 이겨야 하지?', '이제 전부 다 그만하고 싶다.' 이제 조금 내려놓아야 할 시기였고, 조금은 내려놓아도 되는데 그러지 못했다. 다시 등수 밖으로 뒤처지는 인생을 살까 봐 더욱 두려웠다. 내 이름을 걸고 하는 쇼핑몰의 매출이 어느 날 저 바닥으로 떨어지는 일은 상상조차 하기 싫었다. 회사 매출이 곧 나라고 여겼기 때문이다. 내가 유일하게 이루어낸 성공이고 성과였다. 내가 죽을힘을 다해 쌓은 명성이 무너졌다는 말은 죽기보다 싫었다. 남들은 이해할 수 없는 이상한 자존심이었고 바보 같은 아집으로 꾸역꾸역 5년을 채웠다.

그러던 어느 날 집에 혼자 멍하니 앉아있었다. 1억 원이나 들여서 대리석으로 리모델링 한 온전한 내 집이었다. 그 넓은 50평의 집에 혼자 덩그러니 앉아있는데 알 수 없는 공허함이 끝없이 밀려왔다. 내가 원했던 삶인데 원하는 삶이 아니라는 낯선 감각이었다.

처음 사업을 시작할 때 '딱 1억만 벌면 행복할 거야.'라고 생각했는데, 1억을 벌어도 행복하지 않았다. 그래서 '10억을 벌면 행복할 거야.'라고 여겼다. 이룰수록 허무했다. 돈에 대한 욕심은 끝이 없었다. 계속해서 매출 목표를 세우고 집착하게 되니, 그 목표를 이루어도 채워진 것은 아무것도 없었다. 목표에 닿았다는 성취감도 아주 잠시뿐이었다. 그때 당시 나에게는 돈 이외에 아무것도 갖춰지지 않았던 상황이었다. 가족과의 관계, 친구, 심지어 건강까지 모두 엉망이었다. 균형적인 삶과는 거리가 멀었다. 오직 매출을 위해 '그때까지만 참자.'라고 되뇌며 자신을 계속 혹사한 것이다. 그럴수록 내가 가진 물질적인 것에 집착하는 마음은 계속 커져만 갔다. 그 집착하는 마음은 몸으로 드러났.

어느 날 심한 감기에 걸렸다. 몸이 약해서 그런 거라 단정하고 약을 지으려고 내과에 갔다. 그런데 내과에서는 큰 병원의 검진을 추천했다. 그리고 바로 찾아간 큰 병원에서 건강 검진을 받은 결과 소변검사에서 혈뇨와 단백뇨가 나왔다. 내 신장이 망가졌다는 것이었다.

무엇이 날 이토록 자본주의의 괴물로 만들었을까? 바로 내 욕심이었다. 내 능력보다 더 큰 것들을 바라는 욕심이었다. 더 할 수 있을 것 같은데 이것밖에 못 한 건 내 탓이라 여기며 계속 나를 몰아붙였다. 나를 움직이던 동력이 기준치를 초과해 오히려 나를 벼랑 끝으로 몰아세우고 있었다. 끝없는 자기혐오는 심적인 문제뿐 아니라 신장 이상이라는 신체적인 문제까지 일으켰고 나는 걷잡을 수 없이 무너지고 있었다.

병원에서 한 번 망가진 신장은 건강하던 시절로 다시 돌아갈 수 없다고 말했다. 이제 평생 저염식으로 식이조절을 해야 하고, 스트레스를 받지 말아야 한다고 했다. 나에겐 청천벽력과도 같은 선고였다. 몸과 마음의 건강이 무너지면서 처음엔 마냥 재밌어서 했던 사업이 버거워져 버렸다. 3년, 4년, 5년. 계속 나를 궁지로 몰아붙이기만 한 결과였다. 회사에서 해결사 역할이 나를 성장하게 했지만, 아이러니하게도 그 역할을 이제는 그만하고 싶어졌다.

스물아홉 살, 그렇게 병원에서 내 병을 확인한 뒤에야 나에게 멈춤의 시간이 허락되었다. 신장이 망가졌다는 소리에 한동안 멍하던 나는 자신에게 물었다. "내가 가진 것들이 정말 내가 갖고 싶던 거야?"라고. 그리고 내 답은 "아니오."였다. 그렇다면 돈보다 소중한 것을 찾아야겠다는 결론에 다다랐다. 이후 2년간 나는 나의 일상을 돈이 되지 않는 일들로 가득 채웠다. 오로지 내 삶의 의미를 찾기 위해 커뮤니티들을 찾아다녔고 무작정 사람들을 만나기 시작했다. 그리고 멕시코 한 달 여행, 혼자 하는 전국 여행을 통해서 소홀했던 나를 돌보는 시간을 가졌다. 서툴고 어색했지만 나 자신과 보내는 시간을 연습했다.

건강을 위해 이제 나의 정신과 몸에 투자하기 시작했다. SNPE, 요가, 폴댄스, 수영 등등 다양한 운동을 배웠다. 여기에서 그치지 않고 인스타그램으로 사람들을 모아 번지점프를 하거나 등산을 하기도 했다. 그러면서 신체적인 단련뿐 아니라 명상, 마음 공부, 나의 생각을 깨주는 무의식에 대한 훈련도 소홀히 하지 않았다. 그리고 이 모든 경험을 나눌 수 있는 독서 모임, 자기 계발 커뮤니티, 라이프코칭 등 다양한 경험에 나의 온 시간을 쏟았다.

2년 동안 내가 했던 모든 경험은 다행히도 나에게 충분한 쉼이 되어주었고 알 수 없던 허무한 마음을 가득 채워주었다. 일과 연결되지 않은 다른 사람들을 만나면서 다른 삶을 엿보고 배우는 경험을 할 수 있었다. 숫자에 고정되어 있던 내 목표가 사람을 향한 것이다. 사람으로 치유되고 사람으로 숨 쉬게 된 것이다.

나 자신과의 질문을 시작하면서 진정한 나를 발견했다.

이제야 내가 왜 그렇게 허무하고 힘들었는지 깨달았다. 결국, 나 자신을 사랑해야 내 삶이 행복으로 충만해진다는 것을 알게 된 것이다. 지금도 나의 이력을 아는 사람들은 그 어느 때보다 화려했던 사업가의 시절을 부러워한다. 하지만 나는 겉모습만 화려하게 빛났던 그 시절이 전혀 자랑스럽지 않다. 한 분야에서 내가 할 수 있는 모든 노력을 다했지만, 정작 나 자신은 숯처럼 까맣게 타버렸기 때문이다. 그리고 이제는 진짜 성공의 꿈이 생겼다. 나를 살리고 남도 살리는 일을 하고 싶은 꿈이 그것이다. 그 일은 나 자신이 점점 더 좋아지고 자랑스러워지는 일이었기에 나는 그 길을 선택하기로 마음먹었다.

요즘도 나는 사람들과 미라클모닝을 한다. 아침에 일어나 명상을 하고 하루 30분의 운동, 건강한 식단을 챙긴다. 이전과는 180도 다른 일상이 스스로도 믿기지 않을 만큼 놀랍다. 과거에는 자신을 전혀 돌보지 못했던 사람이기 때문이다. 나에 대한 배움을 내 삶에 적용하는 중이다. 하나에 치우치지 않고 균형을 찾자, 나의 모든 것들이 빛나는 삶이 되고 있다. 내 가족과 사랑하는 사람들을 챙기고, 내 행복을 우선순위 중 가장 최상단에 두어 내 삶을 사랑으로 빛나게 가꾸는 삶이다. 그런 삶을 위해 스스로 선택한 루틴과 시스템은 나를 우울증과 강박증에서 벗어나게 해주었다.

내가 다른 삶을 살게 되니, 다른 사람들이 눈에 보이기 시작했다. 내 강점인 '행동'을 어떻게 활용할 수 있을까 고민하던 나는, 커뮤니티 사업을 추진했다. '러브미 커뮤니티'라는 사이트에서 나는 나를 살린 기적을 다른 사람들과 나누고 있다.

단순히 일찍 일어났음을 보여주는 인증용 모임이 아니다. 사람들과 건강한 시간을 함께 보내는 것이다. 같은 목표를 가진 사람들과 함께 기상하고 매일 작은 시간이지만 그 안에서 나의 삶을, 그리고 우리 삶을 일궈나간다.

무엇보다 가장 큰 기쁨은 내가 쇼핑몰을 운영하며 깨달은 노하우를 알려주었을 때 변화하는 수강생들의 모습을 발견하는 것이다. 강의를 오픈하고 스터디를 함께 한 수강생이 월 200만 원이었던 매출이 한 달 만에 6,000만 원으로 크게 올랐다. 그 수강생은 자신의 변화에 놀라움을 느꼈다고 말했다. 자신이 갖고 있던 프레임이 깨진 것이다. 이후 그분은 불과 1개월 전만 해도 자신과 같았던 낮은 매출로 고민하는 1인기업 대표님들에게 자신의 성공 방정식을 나누며 강의를 했다. 처음에는 자신의 이야기를 드러내길 두려워했지만, 강의가 끝나고 나서 "나누길 정말 잘했어요!"라는 말을 내게 건넸다. 사람들에게 도움을 주는 그 감동을 스스로 느낀 것이다.

지금의 나는 이루고 싶은 새로운 목표가 있다. 매년 100명의 성공을 돕는 것이다. 나를 만나는 모두가 행복하고 자유로운 삶이 되는 것이다. "그런 세상이 가능할까?"라며 누군가는 이상향일 뿐이라 말하겠지만, 다시 한번 그 프레임을 던져버리려 한다. 그리고 '러브미 커뮤니티'는 그런 공간이 되어줄 것이다.

    나의 진정한 행복은 내가 나눌 수 있는 곳에서 성장을 나누고 창조하는 순간 빛난다. 이제는 불확실한 미래를 걱정하며 쪽잠을 자지도, 일에 치여 불안한 마음으로 잠들지도 않는다. 나는 정해진 시간이면 푹 자고 개운하게 일어날 수 있다. 그래서 그 어느 때보다 가장 행복한 시기라고 말할 수 있다. 매일 잠들기 전, 기분 좋은 상상을 하며 새로운 꿈을 꾼다. 내가 나눈 것으로 성공하고 성장해낸 100명의 사람과 함께 있는 그 순간을 말이다. 이 글을 읽는 당신이 그중에 한 명이 되길 바란다.

장
효
선

엄마가 된 후, 첫 창업이자 인생 네 번째 창업으로 〈독립출판 프로젝트〉를 기획하고 운영하고 있다. 이를 통해 경제적, 정신적 독립을 이루고자 노력 중이다.
결혼 전, 9년간의 디자인 기획 및 영업 업무를 진심으로 애정했다. 현재 운영 중인 독립출판 프로젝트를 디자인 혹은 공공 미술과 연결시키기 위해 고민하고 있다.

:

ENFP, 공감, 연결성, 개별화, 전략의 강점을 소유하고 있는 40대 후반 여성.

커뮤니티 비지니스

다시
시작하는

너에게
/

인생의 변곡점

:
삶이 변화하는 순간, 바닥을 디딘 발로
박차고 일어나는 동력을 이용해 다시 한번
원하는 삶과 일을 시작해보자.

초등학생 시절 가장 인상 깊게 읽었던 책은 《노인과 바다》였다.

"노인이 고군분투하며 상어와의 싸움에서 이겼다. 혼자서 사투를 펼친 후 녹초가 되어 바람에 의존해 집 앞 바닷가로 돌아오게 되었다."라는 책의 결론 부분까지 단숨에 읽어 내리며 어린 마음에 알 수 없는 감동이 벅차올랐다. 망망대해에서 생존을 위한 음식과 물이 없는 상태로 노인이 끝까지 이겨내려고 했던 삶의 태도가 대단해 보였다. '나라면 그 상황에서 상어와의 결투가 가능했을까? 노인은 왜 끝까지 상어를 놓치지 않았고, 그 거대한 물고기를 혼신의 노력을 다해 낚았을까?' 어려서부터 바다를 무척이나 좋아했던 나는 여름철 바닷가에 놀러 갈 때마다 파란 바다와 파란 하늘이 만나는 수평선 너머에 어떤 세상이 존재하는지 궁금했었다.

어릴 적부터 달리기, 피구, 고무줄 등 다양한 운동을 잘했다. 타고난 재능이 많은 편이었다. 운동장에서 여자 친구를 괴롭히는 남자 아이들을 끝까지 쫓아가 혼내주는 기가 세고 당찬 여자아이였다. 호기심과 모험심이 많았고 세상 무서운 것 없이 주도적이었던 초등 시절이 지나자 급작스럽게 변화가 찾아왔다.

호르몬의 영향이었을까? 중학교 2학년이 되고 사춘기에 접어들자, 알 수 없는 감정에 휩싸였다. 공부에서도 자신감은 사라졌고 열등감이 올라왔다. 중·고등학생 시절, 어깨를 축 늘어뜨린 채 학교와 집만 오고 갔다. 그 시절 답답했던 마음을 나눌 사람이 없었다. 말수가 급격히 줄어들었기에 중·고등학생 시절 친구들은 나를 조용하고 성실한 아이로 기억했다.

그러던 내가 대학생이 되고 친한 친구가 이민 간 미국을 시작으로 혼자만의 여행을 시작했다. 유럽의 오래된 도시와 건축물을 직접 보러 다녔고 그 과정에서 다양한 만남을 통해 시각이 넓어졌다. 낯선 곳에서 우연히 만나게 된 외국 친구들은 언제나 나를 있는 그대로 바라봐주었고 이십 대의 도전을 응원해 주었다. 대학 이후 만나게 된 사람들은 흥미로운 이야기로 내 삶이 채워진 것에 대해 놀라고 부러워했다.

2001년 1월 졸업과 동시에 취업을 했다. 첫 직장 생활이 인생 최고의 순간이었다. 좋아하는 디자인 업무로 시작된 사회생활은 국내와 해외 출장으로 이어졌고 모든 것이 만족스럽고 즐거웠다. 처음이자 마지막이 된 직장 생활을 그만두고 결혼 전까지는 다양한 프로젝트를 만들어갔다. 두 번의 사업자 등록을 했고 각기 다른 방식으로 창업을 했다. 샌들을 수입하거나 가방을 디자인 제작해서 해외에도 판매했다. 공공미술부터 서울시 가이드북까지 디자인, 예술, 문화 기획 업무는 진심으로 애정하는 일이었다. 공간 디자인 관련 업무도 병행해 오다가 2009년 이탈리아에서 열린 볼로냐 아동 도서전의 한국관 전시 공간을 기획하고 진행했다. 규모와 예산이 컸던 인테리어 프로젝트로 이탈리아 현지 건축가를 연결했고, 한국 유물 전시였기에 공간 기획의 퀄리티와 한국적 콘셉트까지 아울러야 했던 중요한 업무였다. 한국은 당해 주빈국으로 규모가 매우 컸기에, 국내 주최 측과 소통하며 유물 전시 공간에 관한 모든 것을 총괄하여 성공적으로 마무리했다. 이렇게 일하는 것 자체가 내겐 크나큰 행복이었다. 같은 해 국내에서도 전시 공간 프로젝트 기획에 참여한 후 결혼을 하게 되었다.

2010년 아름다운 아들을 출산했다. 한 생명의 탄생은 크나큰 축복이고 행운이었다. 30대 중반에 엄마가 되다니 인생의 과업을 성취한 기분이 들었다. 결혼하기 전 9년 동안, 일이 전부인 양 쉬지 않고 바쁘게 살았기에 아들의 양육에 집중하고 싶었다. 현실적인 부분은 남편이 해결하는 게 당연하다고 생각하며 스스로 주는 여유로운 시간이 정당하다고 여겼다. 그렇게 나는 사회와 멀어지게 되었고, 육아 활동에만 온 시간을 쏟다 보니 자존감이 사라지기 시작했다. 과거의 나와 비교하면 할수록 나의 자존감은 땅속을 파고들었고 허우적댈수록 더 깊은 늪에 빠져들었다.

그렇게 인생의 최저 지점으로 빨려 들어갔다. 끝도 없이 깊었던 우울에서 탈출하기 위해, 결혼 9년 차가 되어갈 즈음 자기계발을 시작했다. 부정적 감정에 매몰되는 나를 더 이상 방치할 수 없었던 이유는 소중한 아들이 있었기 때문이었다. 아이를 잘 키우기 위해서는, 내 아이가 밝게 웃기 위해서는, 나의 행복이 너무나 중요했다. 그 이유가 전부였다.

자수성가해 막대한 부를 이룬 김승호 회장의 저서 《알면서도 알지 못하는 것들》의 한 챕터에 이렇게 쓰여 있다. "수학에서 변곡점은 방향이 바뀌는 곡선 위의 점이다. 인생에 있어서 변곡점은 변혁의 전환점이다. 사람은 사는 동안 여러 변곡점을 지난다. 변곡점이 갖는 특성을 고려하면 한번 지나오면 뒤로 다시 돌아가는 건 불가능하다."

스스로 돌아보면, 본래 가지고 태어난 기질과 강점을 발휘할 수 있는 상황에서는 자유롭게 세상을 탐험하고 다녔다. 하지만 역할과 틀에 갇혀 자신을 잃어버리는 상황에서는 우울함에 빠진 나를 만나게 되었다. 결혼하고 엄마가 된 후 새로운 세상으로의 진입은 쉽지 않았고, 원하는 삶의 방향성을 되찾기 위해서는 다시 한번 나만의 장점을 활용할 수 있는 무대가 필요했다. 그러한 이유로 한 명 한 명 만남을 이어가며 함께하는 문화를 만들기 위해 몇 년 동안 활동을 지속해왔다는 생각이 든다. 오랫동안 극복하지 못했던 약점을 돌다리 삼아 스스로 더욱 단단하게 이끌기 위해 매일매일 실수를 반복하고 있었다. 여전히 새로운 도전의 시작 단계에 있지만, 부족함을 딛고 행동을 통해 꿈꾸는 가치를 이룰 수 있기를 소망한다. 다시 한번 자유롭게 내가 원하는 삶의 궤도로 진입하리라 믿는다.

몇 차례 변곡점을 지나오며 엄청나게 커다란 파도타기 선상에 있다. 인생의 저점을 찍고 다시 수면 위로 떠 올라왔던 그 에너지와 나만의 이야기를 통해 다시 한번 거칠고 험한 바다로 항해를 떠날 것이다. 《노인과 바다》에서 노인이 끝까지 자기 삶의 의미와 희망을 잃지 않았던 모습처럼 세상에 우뚝 서서 내가 온 이유를 찾아보고 싶다.

관계를
잇다

:
관계 맺기의 경험과 강점을
현재에 재구성해본다. 관계 잇기를 통해
가치의 연대를 확장해보자.

집에서 멀어질수록 나를 바라보는 시선에서 자유로워졌다. 여행은 태어나 스무 해 동안 집에서, 학교에서, 사회에서 정해진 틀에 갇혀 있다가 포장하지 않은 나를 새롭게 만나는 시간이었다. 여행을 떠나기 전 치밀한 계획을 세우기보다는 언어를 공부했고, 아는 사람을 연결했으며 그들과 만나기 위해 이동했다. 해외를 다니며 우연히 만났던 수많은 인연은 조건 없이 내게 호감을 보여주었다. 외국 친구들은 나에게 우아하고 매력적이라는 표현을 자주 해주었다. 점점 내가 가지고 있던 틀을 탈피해 나갔다. 그리고 인연은 또 다른 인연을 만들었고, 결국 삶은 관계의 연속이라는 것을 은연중에 깨닫고 있었다.

중학교 때부터 파리에 살아보고 싶다는 꿈이 있었다. 그곳에 가기 위해 대학 내내 프랑스 문화원과 어학원을 열심히 다녔다. 프랑스 문화원에서 메모를 통해 디자이너 친구도 만났다. 1년간 파리에서 거주할 당시 그도 프랑스에 있었다. 그 후 나는 디자인 대학 졸업과 동시에 취업을 했다.

"어떻게 마끄 꾸에노를 알지? 이 친구 잠시 프랑스로 휴가를 떠났어."

내가 지원한 곳은 산업 디자인 회사였다. 취업을 위해 준비해간 사진 포트폴리오엔 마끄 사진이 있었고, 그는 이곳에서 일하고 있었다. 사장님은 흥미로워하시며 면접 중 내게 관심을 보이셨다.

"3개 국어를 한다고 해서 외교관 딸인가 했어."

여행 사진과 프로필에 적힌 해외 이력으로 입사했다고 회사에선 내 소식이 이슈가 되었고, 어렵지 않게 취업에 성공했다. 그 회사에는 산업 제품을 디자인하는 팀과 브랜드 런칭 프로젝트를 준비하는 팀이 있었다. 나는 브랜딩 팀으로 입사 후 사장님과 함께 협력업체 대표 혹은 인간문화재인 공방 장인을 자주 만나러 다녔다. 협력업체 대표님들은 대부분 회사의 프로젝트가 추구하는 '의미와 가치'에 동의하며 브랜딩 프로젝트에 참여했고 그 뜻을 응원했다. 많은 분이 뉴욕에 '한국 전통 콘셉트'를 담은 리빙 소품 브랜드를 런칭하는 데 아낌없는 도움을 주셨다.

대학 시절 여행하며 유럽 도시의 아름다움에 흠뻑 젖어있었던 내가 한국 전통을 다시 바라보는 계기가 되었고, 한국인으로서 자부심까지 느낄 수 있었다. 20년 정도 연배가 높으셨던 회사 대표님, 디자이너, 교수, 장인 혹은 사진작가 등 일을 시작하며 만나봤던 모두가 사회 초년생이었던 나에겐 존경의 대상이었다. 일 자체의 매력에 푹 빠진 나에게 다양한 멘토의 조언은 젊은 시절 성장을 가속화 시켜주었다. 대학 시절 미지의 세상을 탐험하고 돌아온 후, 마주하게 된 첫 번째 프로젝트는 행운 그 자체였다.

"앉아서 컴퓨터로 그림 그리는 디자이너는 많다. 세상을 돌아다니며 영업하는 디자이너가 필요하다. 그동안 해왔던 것처럼 계속 세상 밖으로 나가거라."

한국에서 디자이너 1세대였던 멘토는 나에게 본인의 경험을 이야기해주시며 항상 응원을 아끼지 않으셨다. 매번 프로젝트 제안서를 들고 찾아가 어떻게 실행해야 할지 고민할 때마다 유명 디자인 회사 대표를 소개해 주시며 이끌어 주셨다.

"해보고 싶은 거 모두 해보아라. 도와줄게. 회사를 그만둬도 된다."

사무실에서 미팅할 때마다 잎차를 정성스럽게 우려 주시며 따뜻한 환대를 해주셨다. 사진가이자 협력업체 대표님은 사회 초년생이었던 나를 귀하게 대해주셨다. 상상하는 프로젝트가 현실이 될 수 있게 도움을 주셨고, 언제든지 필요한 사람을 연결해 주셨다.

가까운 관계에서 받을 수 없었던 메시지와 도움을 반복적으로 외부에서 구했다. 회사를 통해 인생 멘토를 만나며 꿈을 키워나갔고, 나는 그들의 기대에 부응하고 싶었다. 더 열심히 세상 밖을 걸었고, 기회가 되는대로 원하는 프로젝트를 만들어 나갔다. 도움이 필요하면 요청하는 것에 두려움이 없었다. 젊음이 무기였던 시절, 그 누구보다 열정적으로 삶을 살았다.

순수하고 아름다웠던 청춘, 통찰력 가득한 멘토와의 관계 맺음은 지금의 나에게 또 다른 관계 잇기로 영향을 미치고 있다. 결혼 후 한동안 침체기에 머물러 있었지만, 벗어나기 위해 노력했고 그렇게 자기 계발이 시작되었다. 커피숍을 운영하며 외출을 할 수 없어 답답함을 느끼고 있던 차에 새로운 만남과 인연으로 삶에 생기가 돌았다. 그 후 외부 강의에서 만나게 된 지인을 커피숍으로 초대해 강의를 기획하기 시작했다.

연륜 깊은 멘토를 커피숍에 모시면 제일 큰 수혜자는 내가 된다. 강연을 준비하며 주제를 미리 점검하고 참여자와 함께 강연을 듣고 나누며 리뷰하는 과정에서 멘토의 지혜를 얻어갈 수 있다. 만나기 어려운 분을 모신 것에 대해 참여자들은 나에게 칭찬을 아끼지 않았다. 그리고 어떻게 그분을 모실 수 있었는지 종종 물어보는 지인도 있었다. 그러면 "그냥 전화 걸어서 시간을 물어보았어요."라고 말하곤 했다. 물론 친밀한 관계 맺기를 위해 여러 가지 과정을 시도해야만 한다. 멘토의 책을 읽고 정성 어린 리뷰를 작성하거나, 강연 프로그램을 신청해 만나기도 한다. 한 차례 만남이 성사되면 조금 더 친해지기 위해 다양한 방법으로 노력한다. 운영하는 프로젝트에 대해 이야기도 나누고 추후에 초대하고 싶다고 미리 의사를 타진하기도 한다. 그리고 머릿속에 이분의 경험이 어떤 프로젝트에 잘 어울릴지 고민하며 지속적으로 기회를 엿본다. 그 후 필요한 시점에 전화를 걸어 문의한다. 매번 100% 승낙이 떨어지지는 않는다. 비용이 맞지 않기도 하고, 시간 조율이 어렵기도 하며 그 주제에 대한 강연을 더 이상 하지 않는다는 답변이 오기도 한다. 그러면 나는 또 다른 멘토로 대치해 본다. 이러한 시도를 반복하며 프로젝트를 지속하는 과정에서 관계는 넓어지고, 인연은 또 다른 나를 만들어 간다.

독립출판 공저 프로젝트를 진행하며 관계 맺음과 잇기를 지속하고 있다. 그로 인해 사람을 좋아하고 도전적이었던 나를 다시 만나고 있다. 젊은 시절 폭넓었던 인연 속에서 성장했던 나. 이제 다시 멘토의 도움과 성공 경험을 현재에 재구성하기 위해 노력하고 있다. 삶의 지혜가 가득한 이를 찾아서 언제든 도움을 구하고 관계를 이어가는 과정에서 삶의 연대를 확장할 수 있다. 누군가에게 도움을 구하는 것을 두려워하지 말고, 자신의 강점과 삶의 가치를 남들과 이어가 보자. 누구나 관계 잇기를 통해 꿈의 파이를 키울 수 있을 것이다.

당신은
행복하나요?

:

행복에 관한 질문을 통하여 나의 삶과
일의 가치는 '행복'이 되었다.
당신의 삶의 의미는 무엇인가요?

"Hyo-san~, Are you happy?"

세자리오는 아침 신문을 펼쳐 들고 읽다가 지나가는 나를 쳐다보았다. 돋보기를 큰 코에 걸치고서 안경 너머 눈으로 내게 아침 인사를 하며 물었다. 그때마다 수줍게 미소만 지으며 행복에 대한 아무런 대꾸 없이 세자리오에게 눈인사를 하고 슬그머니 지나갔다.

  1년 동안 파리에서 거주하며 일자리를 찾다가, 건축 사무소 인턴십을 위해 2000년 여름 이탈리아 깜비아노에 3개월간 머물렀다. 인생에서 '행복에 관한' 질문을 처음 접했던 순간이었다. 그 당시에는 너무나 젊었고 행복 안에 빠져있었기에 행복이 무엇인지 잘 몰랐다. 그래서 대답을 할 수 없었다. 그리고 20년이 훌쩍 흘렀다. 결혼 후 '나는 행복한가?' 종종 내게 물었다. 대답은 'No.'.

  인간에게 행복은 삶의 기본 권리이다. 그런데 '왜 행복하지 않다고 생각하지?' 행복에 관하여 책도 읽고 유튜브를 통해 다양한 의견도 듣는다. 특히 주변 인친이 올리는 인스타 피드에서 종종 목격한다. 행복은 '크기가 아니라 빈도이다.'라고 말이다. 그리고 '행복은 밖에 있지 않고 내 안에 있다.'라는 것. 모두 맞는 말이다. 그렇지만 한동안 행복은 멀리 있는 것처럼 보였다.

  몇 년 전부터 마음속 편안함을 찾기 위해 충분한 시간을 가져 보았다. 책도 읽어보았고 인생 선배에게 조언을 구하기도 했다. 오랫동안 글도 써 보았고, 새벽 산책도 꾸준히 했다. 최근에는 명상 수련을 하고 있다. 명상 수련을 통해 역으로 깨달은 점은 '어릴 적부터 겹겹이 나를 채운 부정적 감정의 사건이 지금 이 순간의 행복에 영향을 미치고 있다.'라는 것이다. 인간의 뇌는 긍정적인 추억보다 부정적인 사건에 더 깊숙이 연관되어 있다. 인간은 매일 6만 가지 생각을 하는데 이 중 80%는 부정적인 생각이고 어제 한 생각을 되풀이하고 있다고 한다.

결혼 전 가까운 관계에서 반복했던 부정적 생각 패턴을 오랫동안 극복하지 못하고 있었고, 아이를 키우며 나를 돌보지 못했던 시간으로 인해 감정의 근력은 점점 약해져 갔다. 다양한 마음의 문제점을 결혼 이후 다시금 마주했다. 부정적 상황에서 반대되는 가치관의 의견을 듣게 되면 나도 모르게 감정이 격해지고 그 안에 매몰되기 일쑤였다. 해결 방법을 찾기보다는 그 상황을 빠르게 흘려보내고 다른 일로 메우기를 반복했다. 현재의 문제점을 극복하기 위해 행동하기보다 과거와 미래를 오고 가며 후회와 고민에 빠지게 되었다. 불안한 감정은 요동쳤고, 무엇인가를 선택하고 해결하기가 어려웠다. 심각한 우울과 무기력의 연속이었다.

심리 상담가 박재연 소장이 유튜브에서 자주 언급하는 주제가 있다. 빅터 프랭클린의 《자극과 반응 사이의 선택》은 몇 년 전 내게 큰 울림을 주었다. 우리가 자극을 통해 감정을 느끼는 순간 행동으로 넘어가는 지점에서 '잠시 멈춤' 하는 공간을 가질 수 있다. 우리는 그 공간에서 무엇을 행동할지 선택할 수 있다. 자극된 감정이 무엇이든지 간에 부정적 행동을 할지 긍정적 행동을 할지 말이다. 어떤 사람은 상황을 맞닥뜨리면 이성적으로 행동한다. 나의 경우에는 가치관에 큰 차이를 보이는 주변인의 자극에 부정적 감정이 올라와 무의식적으로 빠르게 반응했다. 공간을 만들 여유조차 없이 과거의 패턴을 무한 반복하는 나를 몇 년째 발견해 왔다. 어쩌면 남들보다 여유롭게 생활하며 성찰하다가도 결국 상념에 빠져 끊임없이 비슷한 생각으로 자신을 괴롭히고 있었다. 하지만 인생 주기 곡선의 최고점을 찍고 결혼 후 최저점으로 떨어지며 우울했던 시간이 길었던 만큼 그 안에서 간절히 빠져나가고 싶었던 마음도 컸다.

존재보다는 역할에 몰입했던 내가 '나'를 잃어버린 순간에는 행복하지 않다고 생각했다. 그렇게 20년 전 질문이 나의 머릿속에 한동안 맴돌았다. 우리는 사랑으로 태어났고 존재만으로도 모두가 특별하며 삶 자체로 행복할 수 있다. 자신의 길고 긴 인생을 마주하며 실패와 성공의 연속선상에 있어도 괜찮다. 하지만 우리 사회는 그동안 개개인의 행복보다는 국가와 가정의 경제적 발전과 성공에 초점 맞추지 않았을까 짐작해 본다. 그러하기에 각자의 개성과 강점은 수용되지 못했고, 성공 방정식 안에 잘 정착한 이들만 행복해 보이는 착각을 불러일으키기도 했다. 시간이 흘러 20년 전 이탈리아에서 들었던 행복에 관한 질문이 이제는 우리 모두에게 필요한 시점이 왔다. 그렇게 현재 기획하고 있는 프로젝트의 의미는 '엄마의 행복이 사회적 가치이다.'가 되었다. 엄마는 존재를 있게 해준 터전이기에 모성 자체의 행복이 뿌리가 되어야 사회가 가치 있는 아름다움으로 반짝일 수 있다고 믿기 때문이다. 그러한 마음으로 결혼 후 나만의 프로젝트가 시작되었다.

다시 한번 묻고 싶다.

"Are you happy?"

인정 욕구
극복하기

:
지혜로운 어른이 되기 위해 정서적 지지를
외부에서 찾지 말자.
오래된 생각 패턴에서 벗어나 보자.

오랫동안 갈망해 오던 정서적 지지를 타인이나 외부에서 찾지 않기로 결정했다. 누군가에게 인정받기 위해서가 아닌 내 삶의 주인이 되어 하루하루 성장을 위한 순간에 집중하기 위해 노력 중이다.

20대 초반 사회생활을 시작했지만, 3년이 지나 창업을 위해 퇴사했다. 첫 사업의 위험을 줄이기 위해 샘플 판매를 선행해 보았는데, 당시 제품을 구매한 사람들은 대부분 동료이자 언니들 그리고 주변 친구들이었다. 싱가포르에서 수입한 샌들을 판매하며 첫 시도를 성공적으로 마무리했다. 전 직장에서 브랜딩을 하고 해외에 상품을 런칭했던 경험을 통해 수출입하는 업무 또한 어렵지 않게 처리했었다. 그렇게 시작하니 창업에 큰 어려움은 없었다.

회사에 다니며 다양한 지인을 알아둔 것도 한몫했다. 직장에서 좋은 동료를 만나기도 했고, 사진작가인 회사 협력업체 사장님은 항상 나에게 프로젝트와 연관된 주변 지인을 소개해 주셨다. 샘플 테스트를 할 때도 제품 사진을 찍어주시며 응원해주셨기에, 샌들을 수입하기 전 홍보 자료를 만들어 각종 잡지사에 배포할 수 있었다. 그것은 성공의 시발점이 되었다. 2003년 여름 샌들 5,000켤레를 수입해 그해 여름 2~3개월간 3,000켤레의 샌들을 판매했다.

첫 시도에 만족스러웠던 나는 두 번째 도전을 바로 연결했다. 패션 소매업을 하던 사장님에게 샌들 판매 실적을 보여주었고, 그렇게 명동에 열 평짜리 매장을 투자받게 되었다. 이번에는 친구와 동료를 모아 7명 정도 함께 가방을 디자인했다. 아이디어 회의, 디자인 샘플, 제작에서 생산, 판매까지 20대의 우리는 각자의 개성을 담은 가방을 만들었고, 명동 매장에서 샘플 테스트와 동시에 판매를 시작했다. 대단한 매출은 아니었지만, 명동 매장에는 근처 직장인, 쇼핑객, 외국인 손님까지 다양한 고객이 오고 갔다. 손님 응대, 외국인과의 교류, 투자자를 설득하는 일 등 관계에 대한 문제점이 없다고 자부했었다.

그렇지만 매번 임계점을 잘 넘기지 못했다. 당시 나이에 비해 일을 잘한다는 평가를 받았지만, 사업을 성장시켜야 하는 지점에서 이상하게 마음속 갈등과 번뇌가 공존했다. 앞만 보고 쭉 직진할 수가 없었다. 최근에 글을 쓰며 '내가 원하는 것을 글로 잘 표현하지 못했기 때문에 성장이 멈춘 것일까?' 고민해 보았다. 그것은 표현만의 문제가 아니라는 것을 써 내려가는 글을 통해 알게 되었고, 문제는 가까운 관계에서 제대로 된 소통을 못 하는 데 있었다.

엄마는 오랫동안 당신 방식으로 딸이 성장하길 원하셨고 난 엄마의 뒷모습을 보며 자랐다. 근면 성실함이 그 누구보다 강하고, 보수적이고, 굉장히 현실적인 분이다. 그런 엄마에 비해 나는 항상 이상적인 꿈을 좇았다. 회사를 나온 후 엄마는 몇 차례 사업에 도전하는 나를 근심 어린 모습으로 지켜보셨고 다시 회사에 들어가 안정적인 삶을 꾸리길 바라셨다. 엄마는 내가 추구하는 삶을 단 한 번도 인정해 주지 않으셨다. 그런 엄마에게 끊임없이 인정받기 위해 애썼다. 그 누구보다 열심히 삶을 살았지만 삶이 허기졌다. 사랑받고 싶었다. 누군가 가까이에서 연약한 내 마음까지 돌봐주고 응원해주길 진심으로 원해서 결혼을 선택했다. 그러나 도망간 곳은 천국이 아니었고 나의 가치관에 반대하는 남편이 엄마의 바통을 이어받았다.

결혼 후 남편과 함께 몇 차례 비즈니스를 시도해 보았다. 아이가 어렸을 땐 독일 명품 브랜드 카메라를 수입해 판매를 시도했다. 그 당시 급작스럽게 스마트폰이 카메라를 대체하기 시작했고, 우리의 첫 시도는 실패로 끝났다. 그 후 함께 커피숍을 운영하고 있다. 남편은 항상 가격이 높고 퀄리티가 좋은 물품과 그것을 원하는 고객을 대상으로 사업을 발전시키고 싶어 했다. 하지만 나는 직장인이 많다는 지역적 특성을 고려해 대중적이고 저렴하게 커피 음료를 제공하는 것이 맞다고 생각했다. 의견 조율이 어려웠고, 그 와중에 코로나를 겪었다. 그 시점에 나는 자기 계발을 시작하게 되었고 코로나로 손님이 없었던 시기에 나와 비슷한 엄마들의 자기 계발을 도울 수 있는 비영리적 사업을 추구했다. 그러니 매번 서로의 욕구는 상충하여 대화의 마지막에는 다툼으로 종결지을 수밖에 없었다.

《오은영의 화해》라는 책 뒤표지에 쓰여 있는 문구다. "어린 시절 해결되지 못했던 상처가 어른이 된 나를 계속 찌릅니다. 우리 중 누구도 아프지 않은 사람이 있을까요? 아무렇지 않은 듯 살아가지만 우리는 모두 마음속에 자신을 찌르는 가시를 안고 살아갑니다. 부모와 자녀, 그 절대적인 관계 속에서도 때론 미움이, 고통이, 원망이 그리고 죄책감이 자라나기도 합니다. 아무것도 할 수 없었던 어린아이였던 나는 그렇게 보잘것없었던 나를 미워하면서 어른이 됩니다. 그리고 다시 부모가 됩니다."

결혼 후 육아의 시기를 거치며 무의식에 녹아있던 가까운 관계에서의 불편함이 수면 위로 떠올랐다. 오랫동안 습관화된 삶의 패턴으로 남편과의 교류는 항상 실패했고, 결국 스스로 우울의 늪에 빠졌었다. 그러나 남은 인생을 포기하고 싶지 않았기에 아들을 키우며 낮아진 자존감을 되찾고자 〈엄마들의 자기 계발 프로젝트 - 소소일상 낯선대화〉를 시작하게 되었다. 결이 맞는 사람과 함께 이야기 나누며 공감할 수 있는 시간이 절실했던 나는, 4년 동안 노력하며 프로젝트를 지속적으로 발전시켜 왔다. 지금은 변화된 〈엄마, 작가가 되다〉와 〈여성 창업가, 작가가 되다〉로 함께 책을 쓰며 서로에게 더 깊은 소통의 시간을 가지며 참여자와 함께 마음을 단단히 다져가는 중이다. 여전히 프로젝트를 진행하면서도 타인의 인정 욕구 그늘 속에 놓여 있지만, 천천히 내게로 존재에 대한 믿음을 옮겨오고 있다. 내 삶의 주인이 되기 위해 오늘도 나에게 집중해 본다.

인사이트를 찾아서

:

책 쓰기라는 도구를 통해
스스로 성찰하며 성장하는 중이다.
결국 나의 문제는 오직 나만이
해결 가능하기 때문이다.

 엄마가 되고 자기 계발이 시작된 이유는 책 덕분이었다. 아들을 위해 동네 도서관을 자주 오고 갔다. 매번 아들 책만 빌려 읽다가 우연히 손에 잡힌 일본 소설책을 시작으로 독서가 시작되었다. 책과 친하지 않았던 내가 최근 3~4년 정도 집중해서 책을 읽었고 읽은 내용을 기록하며 체득하기 위해 노력했다. 그렇게 독서는 비슷비슷하던 일상을 조금씩 바꾼 계기가 되었다.

커피숍을 시작하고 식음료를 위한 서비스와 고객에게 초점을 맞추다 보니 나만의 성장 욕구와 상충해 불만이 쌓여갔다. 그러한 이유로 지속적으로 나를 돌아보아야 했다. 엄마가 된 후, 내 강점을 활용하는 일을 찾기란 생각보다 어려웠기 때문이다. 빠르게 발전하는 IT 툴에 능하지 못했고, 기획이나 영업력으로 일했었기에 경력 단절된 후에 비슷한 업계로의 재취업은 생각보다 어려웠다.

2019년도부터 나만의 기획을 실행했다. 강연을 듣는 것에서 강연을 기획하는 것으로 새로운 업이 시작되었다. 지금은 '작가 북토크' 혹은 '멘토의 강연'과 '책 쓰기'를 결합한 독립출판 공저 프로젝트를 운영하고 있다. 나의 경험으로 만든 기획이 고객의 니즈와 접점을 이루는지 매번 고민됐고, 나만의 콘텐츠를 어떻게 쌓아 나가야 할지도 처음에는 모호했다.

운영하고 있는 커피숍에서 고객이 뜸한 오전 시간을 이용해, 한 달에 한 번씩 오프라인 모임을 기획했다. 종종 참여자 없이 진행자로서 준비한 것을 온라인으로 송출하기도 했다. 지속밖에는 답이 안 보였다. 그러던 가운데 2020년 온라인 독서 모임을 두 번 정도 시도해 보았다. 첫 책은《취향을 설계하는 곳, 츠타야》, 두 번째 책은《그대, 스스로를 고용하라》이다. 두 권 모두 현재 프로젝트를 시작하게 도와준 최고의 책이다. 두 책 모두 자전적 자기계발서로 일본 '츠타야' 서점의 대표 마스다 무네아키와 지금은 고인이 된 구본형 선생님의 저서이다. 처음에는 지인에게 동참을 권유했고 동시에 블로그를 통해 모집했다. 온라인 플랫폼을 이용해 참여자들과 함께 책 내용을 기록했다. 혹은 공책에 내용 모두를 필사하며 두 권의 내용을 내재화하기 위해 공들였다. 현재 진행하고 있는 프로젝트 기획에 두 저자의 철학이 녹아 흐르고 있다.

무엇인가를 만들어 내는 기획을 좋아한다. 어쩌면 사람을 모으기 위해 아이디어를 낸다. 좋은 사람과 교류하며 영감을 얻고 또 다음 단계로 나가는 것을 즐거워했었다. 카페에서 일상적 소통으로 손님을 만나는 것보다 무엇인가 더 나은 삶을 기획하고 싶었다.

《취향을 설계하는 곳, 츠타야》의 저자 마스다 무네아키는 80년대에 음반 사업을 시작으로 현재는 일본 요지에서 큐레이션 서점 - 츠타야를 운영하고 있다. 큐레이션이란 상품이 갖는 가치와 의미를 쉽게 보여주고 상품을 사용하기 위한 제반 시설까지 기획해 고객에게 더 질 높은 서비스를 제공하는 방식이다. 그러기 위해서는 고객에 대한 깊은 이해가 바탕이 되어야 하고, 세련된 감각으로 서비스를 제안하는 특별한 오프라인 마케팅 방식이 필요한데 그 소재를 책에서 얻어왔다. 책에 이런 내용이 있다. "능력이 아닌 노력. 정보는 인풋한 것만으로는 단순한 정보에 불과하다. 그 정보를 어떻게 기획으로 승화시키느냐가 기획의 포인트이다." 책에는 수많은 시행착오와 함께 그가 경험해온 업에 대한 기록이 쌓여있다.

작년부터 주변 여성들과 함께 책을 쓰고 있다. 글을 쓰며 내면세계를 다시 한번 마주하고 엄마로서 혹은 여성 창업가로서 스스로 문제점과 해결책을 찾아가는 계기가 되어 굉장히 의미 있다고 생각했다. 나의 책 쓰기 경험을 통해 시작된 인문학적 프로젝트이다. 횟수를 거듭할수록 참여자가 글을 쓰고 그 글이 책으로 다가가는 과정 중 알아차리게 되는 자신의 생각과 변화하는 모습에서 의미와 가치를 수집하는 중이다. 또한, 함께 쓴 책을 판매하며 독자와 교류하고 그 과정에서 작가로서의 위치를 정립해 보고 다음 단계로 건너가는 프로젝트이다.

몇 년간 책을 읽으며 수많은 아이디어를 만나곤 했다. 책을 읽다가 우연히 강하게 인사이트가 주어지면 "아!" 하며 감탄하곤 하지만, 순식간에 휘발되는 경험을 자주 했다. 그러한 이유로 리뷰를 작성하고 필사를 하며 조언을 소화하고 다시 한

번 나만의 언어로 뱉어내는 과정에서 작가의 노하우가 흡수됨을 느꼈다. 젊은 시절이나 최근에도 창업 교육을 몇 차례 받아 보았지만, 그들은 내가 가지고 있었던 업의 문제를 결코 해결해줄 수 없었다. 다양한 여성과 공저 작업을 진행하면서 여전히 창업의 시작점에 머물러 있는 단계다. 하지만 책 쓰기라는 도구를 통해 스스로 성찰하며 성장하고 있음은 분명하다. 결국 성장을 위한 문제 해결은 스스로 찾아내고 키워나가는 것이기 때문이다.

질문의 힘

:
질문의 힘을 믿고
생각하고 행동하자.

"엄마, 엄마의 꿈은 머야?"

아들이 초등학교 2학년 때 학교에서 종종 꿈에 대한 숙제를 받아왔다. 어느 날 자신의 꿈을 자꾸 묻는 엄마에게 역으로 질문을 했다. 당시 커피숍을 운영하며 바쁜 일상의 연속이었지만, 삶의 의욕이 꺾여 있던 시절이었다. 아들은 생기가 없었던 엄마에게 무엇인가 건네주길 원했던 것 같았다.

'왜 나의 꿈들이 전부 사라졌을까?' 사라진 것은 꿈만이 아니었다. 하고 싶은 것, 먹고 싶은 것, 만나고 싶은 사람, 사고 싶은 것, 그 무엇도 알 수 없었다. 나의 욕구마저도 모두 희미해져 있던 시기에 아들의 질문이 꼬리에 꼬리를 물고 나를 고민하게 했다. 어린 시절부터 하고 싶고, 이루고 싶은 꿈이 많았던 아이였는데, 아들의 나이였던 그 시절 내 방 거울 가득 적어두었던 꿈들이 갑자기 떠올랐다. 급작스러웠던 아들의 질문을 시작으로 다시 한번 내 꿈을 찾기 위한 작은 일탈이 시작되었다. 낯선 곳을 방문했고, 새로운 이를 만나기 시작했다. 그렇게 삶은 조금씩 변화했으며 몇 년 동안 채운 작은 도전들이 지금의 나를 만들고 있다.

4년 전과 비교해보면, 분명 많은 지점에서 성장하고 있었다. 도전의 결과물로 책을 하나 둘 만들며 자존감은 어느 정도 회복되었고, 프로젝트를 통해 서로 공감할 수 있는 지인들이 무척이나 많아졌다. 아들은 성장했으며 나는 점점 나이 먹고 있다. 여전히 창업을 위한 시작점에 머물러 있기에, 다음 단계로의 진입이 절실한 상황이다. 그동안 해야 할 일을 계획하고 유지하다가도 업무량이 많아지거나 하나의 프로젝트가 끝날 무렵이면 일상이 무너지는 것을 종종 경험했다. 당연한 삶의 과정인 줄 알면서도 단계별 성장을 위한 습관을 들이는 게 생각보다 쉽지 않았다. 그럼에도 긍정적으로 나를 응원하기 위해 노력하고 있다. 그러한 성장 과정에서 나에게 주는 가장 유연한 피드백 중의 하나는 결국 질문이라는 것. 그렇게 다시 한번 질문에 관한 책들을 찾아보았다.

오랫동안 꾸준히 책을 쓰시며, 기업 경영 컨설턴트인 한근태 작가의 《고수의 질문법》을 다시 펼쳐 보았다.

"변화를 위해서는 다음과 같은 질문을 던져야 한다.

첫째, 나는 정말 변화를 절실히 원하는가?

둘째, 변화에 따르는 고통을 감내할 수 있는가?

셋째, 새로운 생활 습관을 만들 수 있는가?"

4년 전, 책 읽기로 시작된 작은 시도가 북토크 기획으로, 그리고 현재 책 쓰기 프로젝트로 진화했다. 이제 다음 계단을 오르기 위해 어떤 새로운 습관이 필요할까?

작년부터 시작된 〈엄마, 작가가 되다〉의 독립출판 공저 프로젝트는 3기가 완료되었고, 최근 한 달여 만에 1쇄를 대부분 소진하였다. 올해 업그레이드 버전으로 시도한 〈여성 창업가, 작가가 되다〉는 현재 진행하고 있는 네 번째 공저 프로젝트이다. 여성 창업가 8인이 함께 글을 쓰면서 육아에 몰입 중인 엄마들과 진행할 때와는 다르게 조금 더 높은 성과를 목표로 정해본다. 책 판매와 유통 구조를 확장하며 해야 할 업무량의 변화를 경험한다. 이번 프로젝트에서는 다양한 연령층과 함께하며 젊은 세대의 장점과 강점을 지켜볼 기회가 되었다. 그들과 함께 글을 쓰며 그들을 통해 폭넓은 관점을 만나게 되었다. 행동력이 강한 사람, 분석을 잘하는 사람, 긍정적 마인드를 타고 난 사람, 마음의 근력이 강한 사람 등 그들과 함께하며 나의 강점들도 다시금 점검해 본다. 결국 타고난 강점을 통해 어려운 시기마다 스스로 질문하고 행동하며 원하는 목적지에 다가가는 남다른 모습을 발견했다. 그곳에 질문의 힘이 있었고, 행동력으로 지속하는 습관이 있었다.

사람마다 성공이라고 생각하는 부분은 다를 수 있다. 이번 프로젝트를 진행하며 성공을 위해서는 자신에게 혹은 주변인에게 던지는 질문이 중요함을 깨달았다. 자신에게 질문하고 스스로 찾은 답을 삶에 적용해보며 끊임없이 성장하기 위한 일상을 살아가는 것 외에는 성공에 특별한 비결은 없었다. 인간에게 주어진 '생각하는 힘'을 믿는다면, 다음 단계로의 변화와 성장을 원한다면, 우리는 질문의 힘을 믿고 행동하면 될 것이다. 결국 내가 정한 목표 지점에는 자신의 생각과 행동으로 인한 결과물이 존재하게 될 테니까 말이다.

이번 프로젝트의 중간지점을 마무리하며 다시금 물어본다.
"네가 원하는 이번 프로젝트의 성장 포인트는 무엇이지?"
그래 나는 또 다시 "다음 단계로 도전한다."

☾

김우정

출산·육아로 7년 경력 공백이 있었으나, 경력 전환에 성공했습니다. 현재는 프리랜서로 해외 마케팅 리서치 실사 매니저 일을 하면서 창업을 준비하고 있습니다. 사람의 흔적에 관심이 많으며, 희망과 가능성 그리고 변화에 대한 이야기를 사랑합니다.

:

긍정, 복구, 책임, 사교, 개발의 강점을 소유하고 있는 40대 ENFP 여성.

● 커리어 철학

내: 일을 준비하고
있습니다
/

쉬어 가다

:
삶이 원하지 않는 방향으로 흘러가도
괜찮습니다. 그조차도 미래를 위한
준비입니다.

  서른넷, 늦은 결혼을 했다. 아이를 빨리 갖고 싶었으나 마음처럼 되지 않았다. 아이가 생겨도 걱정이었다. 해외 마케팅 리서처로 일하면서 잦은 해외 출장과 야근을 피할 수 없었기 때문이었다. 아주 급한 일이 생겼을 경우, 의지하며 도와달라고 부탁할 수 있는 부모님이 안 계셨다. 거듭 생각해도 늦은 나이에 남편과 둘이 일과 육아를 감당하기 어려울 것 같아서, 아이를 포기하고 일에만 전념하기로 했다. 그러나 마음대로 안 되는 것이 인생사라 했다. 2년 뒤, 해외 출장 중에 아이가 생겼다는 것을 알았다.

출산 후 회사 '복귀'와 '퇴사' 사이에서 갈등을 계속하였다. 커리어를 포기하고 싶지 않았다. 적지 않은 나이였기에 회사를 그만두면 다시 돌아가기 힘들 것 같았다. 그리고 일할 때만 맛볼 수 있는 스릴과 희열에 중독되기도 했다. 더욱이 매달 통장에 찍히는 돈을 포기할 수 없었다. 고민이 계속되었지만, 아이를 맡길 믿을만한 어른을 찾지 못했다. 결국 회사를 그만두기로 했다.

아이가 6개월이 넘어갈 무렵부터 프로젝트 의뢰가 조금씩 들어왔다. 집에서 아이를 돌보면서 할 수 있어서 흔쾌히 응했다. 일을 다시 하니 죽었던 신경 세포가 한 올 한 올 살아나 생기가 넘쳤다. 그러나 대가는 잔인했다. 육아, 집안일, 프로젝트를 동시에 감당하다 보니 잠이 절대적으로 부족해서, 낮에 또렷한 정신으로 생활하는 것이 거의 불가능했다. 쉼이 너무나도 간절했던 어느 날, 아이에게 사고가 났다.

돌을 2주 앞둔 그날도 프로젝트로 밤을 지새워서 낮 동안 졸음에 허덕였다. 잠을 깨기 위해 뜨거운 커피를 한 모금을 마신 후, TV 장식대(어른 골반까지 올라오는 높이의 장식대였다) 위에 커피잔을 두고 아이 간식을 가지러 부엌으로 갔다. 그 사이 아이가 무얼 하고 있나 보려고 돌아섰는데, 아이가 팔을 길게 뻗어 TV 장식대 위에 놓인 커피잔을 잡아채고 있었다. 괴성을 지르며 이름을 크게 불렀다. 그 소리에 놀라 아이가 나를 쳐다보긴 했지만, 떨어지는 컵을 막지는 못했다. 아이를 안고 화장실로 달려가 옷을 찢자, 앞가슴 살 거죽이 우리나라 지도 모양처럼 벗겨졌다. 중증 2도 화상으로 병원에 오랜 기간 입원해야 했다.

심한 고통으로 잠을 자지 못하며 괴로워하는 아이를 보면서도 미완성된 보고서 생각이 떠나질 않았다. 빨리 일을 마무리 짓고 싶어 컴퓨터를 켰다. 그러나 넋이 반쯤 나갔고, 손은 덜덜 떨려 문장 하나를 말끔히 만들 수가 없었다. 결국 의뢰인에게 전화를 걸어 일을 중도 포기하겠다고 말했다. 그렇게 일은 나에게서 영영 떠나갔다.

사고 이후 아이와 초 밀착된 생활을 했다. 처음에는 나를 포기한 희생인 줄 알았다. 그러나 시간이 지날수록 행복감이 채워졌고, 오히려 할 수 있는 것이 많아졌다. 그러자 삶이 풍부해졌다. 혼자 식당에 가서 밥을 먹어 본 적이 없었는데, 아이가 옆에 있으니 어렵지 않았다. 중학교 때부터 몸매가 드러나는 수영복이 입기 싫어 수영장은 안 가겠다고 선언했었다. 그러나 물을 좋아하는 아이 때문에 매일 수영장에 함께 가 놀게 되었다. 물의 감촉을 느끼며 자유롭게 몸을 움직이니 묶여 있던 쇠사슬이 풀어진 것 같았다. 일종의 해방감이었다.

둘이 해외여행도 다녔다. 특히 사이판에서의 첫 바다 수영 경험은 오래도록 잊지 않았다. 바다가 무서워 모래밭에서 울고만 있던 아이를 어르고 달래 천천히 바다로 입수했다. 노래를 불러주며 마음을 편하게 해주었고, 격려해주면서 용기를 심어주었다. 그러자 아이가 살살 물장구질하며 앞으로 나아갔다. 또 배영도 하면서 바다 위에 두둥실 떠 있었다. 그렇게 드넓게 펼쳐진 거대한 바다의 무서움을 떨쳐 냈다. 자신도 감격했는지 환희의 찬 목소리로 '엄마' 소리를 수도 없이 외쳤다. 그날 해가 질 때까지 바다에서 찬란히 빛나는 햇살을 누렸고, 아름다운 물고기들의 향연을 마음껏 즐겼다.

아이가 4살 때는 운전면허도 땄다. 엄마를 교통사고로 떠나보내고 운전에 대한 공포증이 있었다. 20년간 무겁게 따라다닌 두려움을 이겨내고, 아이를 위해 운전에 도전하였다. 스스로가 자랑스러웠다. 운전이 자유로워지자, 나와 아이의 세상이 넓어졌다. 산으로, 강으로, 바다로 자유롭게 다니면서 자연의 풍요로움을 느꼈다. 그토록 원하던 쉼이었다.

7년 뒤 일을 다시 하기로 했다. 예전에 경력을 쌓던 분야와는 다른 분야였다. 용기를 내서 도전했지만, 경험이 전혀 없는 7년 경력 공백의 40대 중반 아줌마를 써줄 리 없었다. 면접 보는 날, 마음을 비우고 심호흡을 크게 한 후, 회사 면접실 문을 열었다. 그 순간 아이를 보면 나오는 환한 웃음이 저절로 지어지면서 "안녕하세요." 인사를 했다. 아이와 이야기 나누듯이, 동네 이웃과 이야기 나누듯이 경직되지 않은 분위기에서 편하게 면접을 이어갔다. 면접관은 나를 뽑지 않을 이유가 없다면서, 만나서 반갑다는 인사를 건넸다. 생각지도 못한 반응에 기쁨의 물결이 일렁였다. 아이와 함께 온전한 쉼을 즐긴 덕에 내면의 여유가 생겼었던 것은 아니었을까.

예기치 않은 아이의 사고로 일의 사슬이 끊어졌었다. 동시에 아이와 함께 자유와 쉼을 얻었다. 오로지 아이 때문에 시도한 모험과 도전은 삶의 넓이와 깊이를 더해주었고, 무엇이든 할 수 있다는 가능성도 보여주었다. 엄마로 집중하면서 살아온 시간은 내면을 풍요롭게 하였다. 이것이 엄마의 가치로 작동하여 첫 번째 경력 전환에 성공할 수 있었던 것이었다.

답답한 삶이 계속 이어질 때는 쉬어도 괜찮다. 쉼은 멈추는 것이 아니다. 삶은 계속 흐르고 있기 때문에 쉬는 동안에도 삶의 모양은 끊임없이 다듬어지고 성장은 계속된다. 좋은 질의 쉼을 가짐으로써 나의 가치도 계속 높아질 수 있다. 그렇기에 현재를 풍요롭게 살아야 한다. 그래야 경력을 전환하거나 다시 이어갈 때, 쉼을 통해 채워진 자신만의 숨은 가치들이 피어나 필요한 자리에서 향기를 낼 수 있다.

다시,
꿈을 만나다

:
꿈은 언제, 어떻게 올지 모릅니다.
꿈을 꿀 수 있는 마음만 준비하면 됩니다.

 2016년 둘째 아이가 태어나고, 남편의 사업이 어려워졌다. 일을 다시 시작해야만 했다. 여기저기 이력서를 보냈지만 거절 메일만 돌아왔고, 용기는 계속 줄어들었다. 그래도 또 고개를 들었다. 어깨 처져 다니는 남편과 방긋 웃고 있는 어린아이 둘을 보면 포기할 수 없었다. 시간이 걸릴 뿐 간절했기에 길은 열릴 것이라고 믿었다. 그리고 그 믿음은 틀리지 않았다.

퍼실리티 매니지먼트라는 새로운 분야였다. 육아휴직으로 생긴 공석에 지원하여 6개월간 근무하였다. 기간이 만료된 후에는 다시 사회혁신이라는 새로운 분야로 이직했다. 사회문제를 해결하기 위해 연결과 소통을 촉진하는 이야기장을 기획하는 회사였다. 이곳에서 회사 프로젝트가 사회에 영향을 미치는 정도를 추정하는 임팩트 매니저, 다양한 분야의 이야기를 모아 사회변화를 촉진하는 콘퍼런스 기획자, 사회문제와 해결 방안을 연구하는 사회혁신 연구원으로 다양하게 일하였다. 두 번째 경력 전환이었다.

순탄한 항해가 될 것 같았던 일은 3년 만에 코로나19 팬데믹으로 좌초되었다. 학교와 유치원이 모두 등교 및 등원이 중지되었고, 내가 다니던 회사는 빠르게 재택근무로 전환했다. 남편은 계속 정상 출근해야 했다. 처음에는 나라도 집에서 근무하며 두 아이를 돌볼 수 있어 다행이라 생각했다. 눈 질끈 감고 몇 개월만 슈퍼우먼 행세하면 될 거라 여겼기 때문이었다. 그러나 상황은 점점 심각해져 장기간 등교중지가 결정되었고, 기약 없이 계속되는 아이 돌봄과 회사 일이 어깨를 짓눌렀다. 스트레스 지수가 높아져 예민한 상태가 지속되었다. 혼자 감당할 수 없는 상황에서 빠져나오고 싶었다. 결국 일을 다시 멈추기로 했다.

일을 그만두었다고 마음이 바로 정상으로 돌아오지는 않았다. 바쁘게 지냈던 삶이 사라지니 어색하고 무료했다. 더욱이 아침 출근이 없어지니 공허해지기까지 했다. 늦은 나이에 두 번이나 경력 전환도 해보았는데 무슨 일이든 못 하랴 했던 마음도 쪼그라졌다. 회사 말고 내 일이 하고 싶어 이것저것 알아보았지만 빠르게 진전되지 않았다.

그러던 어느 날 아들 축구 경기를 응원하러 가던 중이었다. 도로가 꽉 막혀 한참을 움직이지 못했다. 노래 볼륨을 크게 틀고 따라 부르면서 창밖을 보는데, 육교 위에 서 있는 할머니가 눈에 들어왔다. 80대 정도로 보이는 할머니였는데, 육교 난간 앞에 서서 미동없이 어딘가를 하염없이 바라보고 있었다. 빽빽한 도로 어딘가를 응시하고 있었을까, 아니면 그보다 더 멀리 있는 산이나 하늘에 시선을 멈추었을까. 그 모습을 유심히 보는데 여자의 일생이 고스란히 전해지는 듯 해 눈가가 촉촉해졌다. 어릴 적 꿈 많던 소녀가 결혼하고, 아이 낳고, 가족을 돌보며 인생의 여러 굴곡을 넘어 여기까지 왔지만, 갈 곳 없어 발길 닿는 곳에서 외롭게 세상 구경하며 시간이 흘러가기를 기다리는 것 같았다. 할머니의 깊은 고독과 쓸쓸함이 내 마음에 닿았고, 머지않은 나의 이야기 같았다. 할머니가 육교 위에서는 세상과 연결되어 외롭지 않기를, 그래서 지금 살아있음이 공허해지지 않기를 바랐다. 그 바람은 메아리쳐 사방에 울리다가 마지막에는 나에게 떨어져 위안이 되기를 바라는 마음이기도 했다.

그 후로 오랫동안 할머니의 잔상이 내 머릿속에서 떠나질 않았다. 허무한 마음으로 육교 위에 서 있는 사람들에게 다시 삶을 살 수 있게 하고, 남은 인생은 자신의 이름을 꽃 피우며 살아갈 수 있게 돕는 일을 해야겠다는 생각이 묵직하게 내려앉았다. 그러자 가슴이 다시 콩닥콩닥 뛰기 시작했다.

그래서 제2의 인생에 대한 그림을 그리기 시작했다. 두 번의 경력 전환을 경험하면서 기존에 알고 있던 직업의 종류보다 훨씬 많은 직업이 세상에 존재한다는 것을 알게 되었다. 긱 이코노미(Gig Economy)가 노동시장에 대세가 된 요즘, 직업의 종류는 더욱 많이 늘어나고 있다. 또 직업관에 대한 고정관념도 사라지고 있다. 그래서 경력 전환과 다양한 직업군 경험을 기반으로 40대, 50대들이 다시 꿈을 그리고, 일을 할 수 있는 플랫폼의 밑그림을 그려 보았다.

흔히 나이가 들수록 꿈 이야기를 쑥스러워하면서 말하기 꺼린다. 어렸을 때나 갖는 것이지 나이 들어 누가 꿈꾸며 사냐는 것이다. MKYU 김미경 대표는 40대, 50대 이후의 삶은 먹고 사느라 바빠서 방치해 둔 자신을 만나고, 지금껏 상처받은 자신을 위로하며, 진심으로 미래를 보아야 한다고 했다. 그리고 자신의 가치를 실현하며 '다시 꿈꾸는 사람'으로 제2의 인생을 살아야 한다고 했다. 생각을 바꾸면 누구나 다시 꿈꿀 수 있다는 의미이기도 하다.

나의 경우처럼, 꿈은 우연히 찾아와 삶의 전환점이 되기도 한다. 그리고 흐르는 삶에서 마주한 경험이 '다시 꿈꾸는 사람'으로 만들기도 한다. 가슴 설레는 일이다. 어려서 꾸었던 꿈은 파편처럼 흩어졌다면 이제는 경험을 모아 꽤 괜찮은 이야기를 써 내려가고 싶다. 그리고 언젠가 우연히 꿈을 심어준 할머니가 있던 육교를 찾아가, 갈 길 잃은 내 마음을 만져준 덕에 나의 시선이 자유롭고 넓어졌다는 감사의 이야기를 건넬 수 있기를 바라본다.

다시,
넘어져도 괜찮아

:

실패는 없습니다. 다만 시도할 뿐입니다.
창업은 끊임없이 시도를 하면서 나의 길을
찾아가는 여정입니다.

다시 꿈을 그려가기 위해 시작은 작게 했다. 엄마나 아줌마 말고 내 이름으로 살아가고 싶었고, 다른 엄마들도 그렇게 되기를 바랐다. 그래서 고이 접어두었던 꿈들이 다시 살아나 넘실넘실 물결치며 유유히 흘러가기를 바라는 마음으로 '라라레터'라는 이야기 레터를 발간하기 시작했다. 그 작은 시작에는 엄마들의 꿈의 서사와 더 나은 세상을 바라는 이야기를 담았다.

일사천리로 진행되지는 않았다. 예기치 않은 상황을 만날 때마다 아이디어는 머리에 머물다가 어디론가 사라지기 일쑤였다. 그럴 때면 '에라잇, 모르겠다. 무슨 부귀영화 보겠다고. 집에서 애들 뒷바라지하는 것도 힘든데, 굳이 뭘 하니. 안 해도 돼.'라는 궁색한 변명이 튀어나와 나를 주저앉혔다. 같은 모습이 지속될까 봐 시작부터 함께할 사람을 찾았고, 흔쾌히 손잡아주는 파트너를 만났다.

파트너는 앞으로 나아가는 힘이 되어주었다. 사람을 즐겁게 해주는 재능을 가지고 있기도 했고, 일할 때는 계획에 맞춰 추진하는 속도가 뛰어났다. 무엇보다도 막막한 사막 한가운데 홀로 서 있을 때 함께해 주는 '존재'가 있다는 것만으로도 마음이 안정되었다. '라라레터'의 브랜딩, 콘텐츠 아카이브 웹사이트, SNS 홍보 등 처음 해보는 작업이었지만, 서로 합의가 될 때까지 이야기하며 계속 세밀하게 만들어갔다. '라라레터'만의 차별화된 한 가지를 고심하다가 읽기 어려운 분이나 메일 확인이 어려운 엄마를 위해, 읽어주는 뉴스레터도 함께 발행하였다. 일의 양은 두 배가 되었지만, 뉴스레터 중에는 유일무이한 시도였다. '둘의 머리가 합해지니 특별함이 생기는구나.' 하며 마냥 즐겁기만 했다. 무에서 유를 창조하는 과정에서 맛보는 희열과 환희를 누군가와 공유할 수 있어 천하를 다 가진 듯했다.

'라라레터'는 일주일에 한 번씩 발행하며 쉼 없이 돌아갔다. 사는 지역도 달랐고, 가족을 위한 스케줄도 감당해야 했기에, 밖에서 자주 만나기 어려워 대부분 온라인 줌(zoom)으로 만나 회의했다. 온라인 만남은 편리하고 효율적이었지만, 서로의 언어를 온전히 이해하고 감정을 감지하기에는 한계가 있어서 서로 간의 연결이 밀착되지 않았다. 대안으로 한 달에 한두 번은 오프라인으로 만나 아이디어 회의 겸 대화의 시간을 가졌다. 그러나 이 또한 아이 픽업 시간을 고려하여 만나야 했기에 촌각을 다투는 일이었다. 충분한 이야기를 나누지 못하고 마지막은 아쉬움으로 끝내야 하는 경우가 허다했다.

점점 소통이 막혔다. 자신의 이야기만 쏟아내는 데 정신이 없었다. 서로 보지 않고 듣지 않았다. 더 나은 세상을 만들어 보겠다고 시작한 일이었는데, 정작 당사자들은 더 나은 세상을 외쳐야 하는 의미를 잃은 채, 기계적으로 일을 하고 있었다. 즐겁게 하자고 했던 초심은 사라지고, 자신이 맡은 일만 잘 해내면 되는 식으로 변했다.

결국 파트너가 헤어지자고 했다. 시즌 2 재개를 코앞에 두었을 때 날아온 급작스러운 통보였다. 그러나 파트너는 소통이 막혀갈 때부터 힘이 들었다고 했다. 파트너는 이야기를 시도하며 노력해보려 했지만, 마음이 굳어가는 나를 움직일 방법을 찾지 못했고, 이야기는 주변을 빙빙 돌아서 서로의 이해를 좁힐 수 없을 것 같았다고 했다. 그러니까 파트너에게는 급작스러운 통보가 아닌 오랜 시간 고민 끝에 내린 결론이었다. 맞다. 입장의 차이는 있었겠지만, 계속 모른 척하며 평소대로 끌고 갔더라도 언젠가는 터질 문제였다. 서로 진심을 주고받는 방법을 몰랐고, 우리만의 방식을 갖자고 했지만 만들지 못했다. 미숙해서 파트너를 잡지도 못했다. 다만 파트너의 꿈에 날개가 돋치기를 응원하는 마음만 흘려보냈다.

    결별 후에도 혼자서 '라라레터'를 끌고 가겠다며 호언장담했다. 혼자서도 잘 해낼 수 있다는 것을 보여주고 싶은 자존심이었다. 그러나 파트너의 빈자리는 생각보다 컸다. 끊이지 않는 두 아이의 돌봄과 집안일 그리고 프리에이전트로 일하는 프로젝트까지 감당하니 홀로 '라라레터'를 끌고 가기에는 역부족이었다. 더불어 한 사람의 마음도 사지 못하는데, 한 회사를 이끄는 대표가 될 수 있을까 하는 생각까지 연결되기 시작했다. 괜찮을 줄 알았던 이별이 나를 향해 '약한 자여, 너는 아무것도 할 수 없다는 것을 이제 알겠느냐!' 하며 의지를 꺾었다. 거센 풍랑 앞에 또다시 주저앉았다.

첫 시작이 실패로 끝난 것을 받아들이지 못했는지, 잊고 있다가도 한 번씩 사람들이 '라라레터는 어떻게 되고 있어?' 물으면 가슴이 움찔해졌다. 사실, 실패라는 단어를 마주하고 싶지 않았다. 두려움이었다. 남에게 실패의 모습이 드러나면서 실망감이나 수치심을 느끼고 싶지 않아 실패가 용납이 안 되었다는 사실을 직면하게 되었다. 시선을 바꾸어야 했다. 그래서 처음 '라라레터'를 시작했던 시점으로 돌아가 보았다. 엄마들의 꿈이 다시 살아나고, 더 나은 세상을 만들기 위해 엄마들의 인식을 변화시키고 싶었던 이유를 계속 곱씹었다. 그러자 실패로 부르던 것이 시도로 바뀌면서 생각이 변화되었다. 성과를 완벽하게 만들어내는 것에만 집중했지, 그 외의 것에는 주장을 잃지 않되 의견과 감정을 나누는 경험도, 콘텐츠를 생산하는 것도, 콘텐츠의 중심에 두어야 하는 주요 목표를 설정해 본 것도 다 '처음'이었다. 시도해 보았지만 만족할 만한 결과가 나오지 않아서 수정하고 또다시 시도하며 내가 하고 싶은 일에 맞는 길을 만들어 가고 있었다는 결론이 났다. 나의 밑바닥을 마주하자, 자유를 얻었고, 시선이 바뀌었다.

'라라레터'는 아직도 마음 한쪽에 웅크린 채로 있다. 한 걸음 내딛는 것이 느린 성격이기도 하고, 아직 프리에이전트 일과 두 아이의 일이 우선이기 때문이다. 그렇다고 여기에서 멈춘 것은 아니다. 시간이 될 때마다 꿈을 위해 할 수 있는 일을 계속 그려나가고 있다. 좀 더 명확해지면 '라라레터'의 방향성도 정해서 날개를 달아주려고 한다. 그리고 작은 날갯짓이 누군가에게 닿아 거센 파도에 좌초된 꿈을 다시 찾을 수 있게 되기를 바라고 있다. 그렇게 누군가에게 닿을 수도 있다는 그 희망은 또다시 나에게로 돌아와 나를 위로해준다. '다, 괜찮다. 힘을 빼면 다시 파도를 탈 수 있다. 남은 인생 동안 어차피 길게 갈 일이다. 잘하려고 욕심내기보다는 시도하고, 덜어내고, 입혀가면서 천천히 나만의 길을 만들면서 꽃을 피우면 된다. 그러니까 지금도 필요한 시간이고 잘하고 있다'라고 말이다.

나를 믿는
것부터 시작

:
지금의 모습으로도 충분합니다.
자신을 믿고 꿈을 이루기 위한
작은 행동을 시작하세요!

축구선수가 꿈인 초등학교 6학년 아들이 있다. 매일 2시간씩 클럽에서 단체 훈련을 하고, 일주일에 세 번은 훈련 후 개인 레슨을 받는다. 그리고 매주 열리는 대회에도 꼬박꼬박 참가한다. 이쯤이면 일주일 내내 축구로 불태우고 있다고 해도 과언이 아니다. 힘들어서 아침에 눈 뜨기는 어려워하면서도 운동장에만 가면 호랑이 기운이 올라오는지 맹렬한 에너지가 들끓는다.

프로축구선수가 되는 것은 낙타가 바늘구멍 통과하는 것보다 어렵다는 이야기를 귀에 딱지가 앉도록 들었다. 그래서 축구를 안 시키려고 2년 동안 못 본 체했다. 그러던 어느 날 꿈을 포기하지 못하겠다며 아들이 진지하게 말을 건네 왔다. 올 것이 왔구나 싶어 눈을 질끈 감고 마지 못한다는 듯 아이의 꿈을 같이 걸어가 보기로 했다.

축구를 시작하고 아들이 브라질의 네이마르, 아르헨티나의 메시, 한국의 손흥민이나 이강인과 같은 선수처럼 보였다. 그러니까 내 눈에는 아들이 이미 세계적인 선수가 된 것 같기에, 축구 실력이 어느 정도인지는 전혀 상관없었다. 그저 자유로운 몸짓으로 운동장을 사방팔방 뛰어다니는 모습만으로도 가슴이 두근두근 설레었다. 꼭 사랑에 빠진 것처럼 콩깍지가 단단히 씌었다.

사랑 가득 담아 아들의 꿈을 바라본 것처럼 내가 창업을 결심했을 때도 스스로 성공한 여성 CEO가 될 거라는 청사진을 의심하지 않았더라면 어땠을까. 매일 저녁 사업 아이디어를 정리하고 기획안이나 제안서를 만들 때는 '이건 될 거야!'라는 느낌표가 올라오다가, 자고 일어나면 '이게 될 수 있을까?'

라는 물음표로 바뀌어 있었다. 엄마와 아내 노릇 하기도 하루가 모자라는데, 물음표에 대한 답을 찾을 시간이 어디 있냐며 차일피일 미루기도 했다. 꼭 밤에는 스티브 잡스 같은 CEO가 될 것 같다가도, 자고 일어나면 다시 그냥 엄마였고 아내였다. 그래서 모든 일은 감성이 충만한 밤이 아니라 세로토닌이 분비되는 낮에 했어야 했나 싶다.

창업했다가 패가망신한 이야기도 수두룩했다. 내가 그 이야기의 주인공이 되지 말라는 법이 없었다. 가보지 않은 길의 끝을 '성공'이 아닌 '실패' 시나리오에 무게 중심을 두니 갈팡질팡만 반복되었다. 그러고는 나를 한계에 가둘 수밖에 없는 이유를 주룩 읊는다. 아이는 축구공만 건드려도 이미 세계적인 축구선수가 되었다며 무한한 꿈을 지지하면서, 정작 나 자신에게는 매몰차게 굴었다.

그럴싸한 기획안이나 제안서가 문제였다. 동업자가 없다면 스스로 조금씩 실행하면서, 수정하고, 다시 시도해야 하는데, 무턱대고 큰 산을 그려놓고 밑에서부터 올라가려니 부담이 되었다. 처음부터 사업을 완벽하게 만들겠다는 이상과 현실에서의 괴리였다. 사이 책방 변대원 대표는 성공하려면 목표는 작게 잡고 노력을 크게 해서 작은 성공을 이어 나가라고 했다. 산꼭대기를 올라가기 위한 첫 목표를 잡고 성취를 위해 할 수 있는 행동을 해야 한다는 의미였다. 그리고 행동이 반복되어 습관이 되는 자동 반복 시스템을 만들어 놓는 것이 이기는 전략이라고 했다.

그리고 무엇보다 중요한 것은 자기 신뢰였다. 랄프 왈도 에머슨은 자기 자신 있는 그대로의 모습으로도 충분하다는 것을 믿고 사랑해야, 진짜 내가 될 수 있다고 했다. 그리고 자기 신뢰를 실천하면서 주변에 흔들리지 않고 스스로 독립적인 삶을 살아야 한다고 했다. 그러면 자신의 몫을 쫓아가기 위해 애쓸 필요 없이 그냥 있어도 내가 해야 하는 무언가가 저절로 나의 뒤를 쫓아온다고 하였다.

어려서는 거침없이 돌진하는 스타일이었다. 옆에서 하는 이야기는 듣지도 않고 혈혈단신으로 영국행 비행기를 탔다. 낯선 언어로 심리학 공부를 할 때는 압박감에 시달렸지만 '임전무퇴'를 되새기며 책상에 다시 앉곤 했다. 졸업할 무렵 담당 교수가 나를 앉혀놓고 이야기를 꺼냈다. 신입생 면접 보고 나서 몇 개월 후에 떠나겠구나 싶었다고. 영어도 전혀 안 되고 학과 지식도 없어서 견디지 못하고 떠난 외국 학생의 경우가 떠올랐다고 했다. 그런데 졸업할 때 되니 영어 소통도 원활해지고, 석사 진학도 무리 없을 정도의 학과 성적을 받아 놀랐다고 했다. 뜬금없는 고백에 나도 놀랐지만, 내심 기분이 좋았다. '거봐, 나 한다면 한다니까?!' 이 세상에 안 하는 일은 있어도 못 할 일은 없다고 생각했다. 그래서 새로운 도전을 하는데 겁내지 않았다. 그리고 도전을 통해 성취한 경험이 계속 쌓이니 자신감이 불어났다.

회사 다닐 때는 멀티태스킹을 해야 유능한 사람인 줄 알았다. 프로젝트에 경험치가 쌓이다 보니 요령이 생겨 멀티태스킹이 어렵지 않았다. 시간을 쪼개 여러 프로젝트를 왔다 갔다 정신없이 휘몰아쳐야 하루를 열심히 산 것 같기도 했다. 하나의 프로젝트로는 느슨하고 지루해져 계속해서 스스로를 고갈하고 낭비했다. 시간이 흐르면서 몸과 마음이 고장 나기 시작했다. 그러나 다른 사람들도 다 아프지만, 잊고 살아가고 있는 거라며 무덤덤하게 넘기며 살았다.

새로운 일에 도전하고, 여러 일을 동시에 하는 경험을 해왔음에도 창업하면 더 많은 일이 기다리고 있을 것 같았다. 특히 CEO는 매일 밤을 새워도 끝낼 수 없는 일이 수두룩할 것 같았다. 그 끝에는 심신의 고갈이 기다리고 있을 것 같아 감히 먼 바다로 나갈 용기가 나지 않았다. 모든 일을 혼자 다 해야 한다는 압박에서 벗어나야 했다. 《원씽》의 작가 게리 켈러의 말처럼 "생각은 크게 하되, 아주 작은 곳에 초점"을 맞추며 주어진 상황에서 할 수 있는 중요한 일에만 집중하기로 했다. 하루 중 주어진 시간 안에 사업 플랫폼을 만들기 위해 실제로 할 수 있는 양만 조금씩 해내고 있다. 쌓이다 보면 언젠가 나의 유일한 CEO 성공기가 완성될 것을 믿으면서 말이다.

요즘 아이들에게 '나는 가치 있는 사람이다'를 매일 세 번씩 외치게 한다. 들을 때마다 가치 있는 아이들을 대하는 나의 태도도 변하게 된다. 그리고 자신도 가치 있는 아이라는 사실이 기분 좋은지 계속 되묻는다. '엄마 내가 어떤 사람이라고?'

이제 나도 가치 있는 사람이라고 매일 세 번씩 외쳐야겠다. 그렇게 나를 소중히 여기고 믿으면서 꿈을 이루기 위해 바다로 나서려고 한다. 그리고 아들이 세계적인 축구 선수가 되는 꿈을 이루는 날, 나는 어떤 꿈을 이루었을지 기대해본다.

최고보다는
최중

:

세대를 넘나들며 배워야
미래로 갈 수 있습니다.

20대 초반에는 패션 디자이너가 꿈이었다. 학교 방학 동안 영화와 드라마 의상 코디네이터로 일할 기회가 생겼다. 화려한 조명 밑에서 일하는 재미가 쏠쏠했다. 그러나 어린 나이에 방송국 사람들의 수려한 말과 행동을 이해하기 어려웠다. 사람의 마음이 궁금해져 심리학에 관심을 갖게 되었다.

다시 공부하기로 결심하고 스물다섯 살에 영국행을 감행했다. 영국에서 심리학을 배우면서 공부의 흥미와 재미가 다시 붙었다. 특히 심리학 분야 중 인지 심리학에 매료되었는데, 뇌와 행동과의 연결을 과학적으로 증명해 가는 과정이 즐거웠다. 졸업 후에는 한국으로 돌아와 시장 및 마케팅 전략을 수립하는 회사로 관심을 돌렸다. 문제를 찾고, 원인을 분석하고, 전략적인 대안을 제시하는 일이 인지 심리학과 많이 닮아 있었다.

회사 면접을 볼 때면, 나이를 문제 삼는 경우가 더러 있었다. 동료 중 가장 많은 나이라서 일할 때 마찰을 우려했던것이었다. 편견을 거둬달라고 했다. 늦은 나이에 다시 공부하면서 나이 차이 많은 학우와 프로젝트를 하기도 했고, 허물없이 지내기도 했기 때문에 문제 될 것 없다고 생각했다. 취업 후에는 환경과 나이에 감정적으로 휘말리지 말고, 직장 동료와 선배에게 예우를 지키고, 배우는 것에 집중하자고 다짐했었다. 그리고 그 다짐을 지켰다.

7년의 경력 공백 후 다시 인연을 맺은 회사는, 첫 직장 때보다 직장 동료와의 나이 차이가 더욱 심하게 났다. 작은 회사였지만, 대표와 회계 담당을 제외하고는 모두 20대였다. 새로운 분야로 전환했기 때문에 학교 졸업 후 바로 직장에 들어온 친구들과 경력 면에서 큰 차이가 없었다. 그래서 수평적인 관계에서 프로젝트 아이디어를 나누고, 실행하며, 결과를 내야 했다. 세대 차이를 넘는 소통이 순탄했냐 하면 꼭 그런 것만은 아니었다. 나이가 경험을 대변하는 양 '라떼는 말이야~'로 시작하지 않으려고 의식적으로 노력했다. 그러나 빠르게 일을 처리해야 할 때나, 공공연하게 인정받고 싶은 욕구가 치솟아 오를 때면 '내가 더 많이 아니깐 나를 따르라.' 식으로 순간 돌변하기도 했다. 이렇게 불쑥 튀어나오는 권위적인 태도와 소통 방법에 스스로 얼굴이 벌겋게 달아오른 적도 많았다. 그래도 포기하지 않았다. 실수했어도 잊고 다시 시작했다. 고집을 버리고, 마음을 비우며, 귀 기울여 듣고, 이해하고, 공감하려고 했다. 실수와 도전을 계속 반복하다 보니 나이 어린 동료들의 생각과 마음에 진심으로 공감되었고, 의견을 존중하게 되었다.

마음이 열리자 다른 세대의 생각과 언어 그리고 행동이 영감이 되었다. 그리고 다른 색으로 물드는 내가 보이기 시작했다. 오래도록 자본주의적 사고방식이 삶을 지배하고 있었으나, 협력적 삶의 가치에 대해 눈을 떴다. 그러니까 그동안 어떻게 하면 '내가' 성공하여 물질적 풍요를 누릴 수 있을지 무게를 두고 살아왔다면, 사회적 약자의 삶의 불합리성과 사회 시스템 불균형에 관해 관심을 두기 시작했고, 모두가 하늘에서 부여받은 존재로 당당히 살 수 있는 세상을 꿈꾸기 시작했다. 그래서 누구도 소외되지 않고 대화에 참여하는 법도 공부해 보고, 사회적 약자 생애 서사 프로젝트를 하면서 배려하고, 소통하고, 공감하는 법도 배우게 되었다. 그리고 사회의 고정관념과 편견을 뒤로하고 더 나은 미래를 만들어가려는 이야기에 관심을 가지게 되었다.

팀 동료가 리더로 있는 환경 스터디 커뮤니티에도 가입했다. 동료를 더 잘 이해하고 싶어서였다. 정해진 시간에 함께 모여 책을 읽고 의견을 나누는 활동을 했다. 조용히 사람을 포용하고 화합하는 동료의 리더십에 반했고, 커뮤니티 멤버들의 환경 문제에 대한 생각과 고민을 들으면서 미래가 희망적이라고 느꼈다. 무절제한 소비로 윤택함만 추구했던 나의 과거의 삶을 드러내기 부끄럽기도 했다. 단번에 행동을 바꾸는 것은 어려웠다. 그래도 환경에 대한 고민을 함께 계속했고, 일상생활에서 쓰레기 줄이는 실험에도 동참하였다. 꼭 의식 있는 시민이 된 것 같았다. 지속해서 활동하지 못해 아쉬웠지만, 생각의 변화를 일으킨 근간이 되었다.

다른 세대와 일한 경험은 삶에서 지켜야 하는 가치에 대해 고심해 볼 기회를 주었다. 가령 차별과 편견 없는 태도, 소외되는 사람 없이 모두 자신의 존재로 살기, 보편적 돌봄의 선순환으로 경쟁이 아닌 협력적 성과 얻기 등 자유롭고 행복한 삶을 위한 사회적 가치를 다음 세대에 물려주고 싶다는 생각의 전환이었다. '라라레터'의 콘텐츠를 정립하는 데 중요하게 작동했던 핵심 가치이기도 했다.

젊은 영감이 내 주위를 둘러싸니 일에서도 빠르게 성장했다. 생각하는 방식과 바라보는 시야 그리고 행동도 따라 젊어져 나이 많아도 열정 넘치는 언니라는 수식어가 붙었다.

어려서는 성공한 젊은 여성 CEO 모습을 상상하며 최고가 되어 왕좌의 자리를 차지하는 꿈만 꾸었다. 그리고 범접할 수 없는 카리스마 넘치는 선배가 되어 후배에게 영감 주는 사람이 되고 싶었다. 그러나 이제 거품이 빠지고 있다. 40대 중반이 넘어도 계속 젊어지고 있는 나는 더 이상 최고를 꿈꾸지 않는다. 다만 상하좌우로부터 영감을 받아야 삶이 더 풍부해진다는 것을 체감했기 때문에 다양한 세대와 함께 일하는 걸 놓치고 싶지 않다.

"우리 다 같이 최고 말고 최중 하면 안 돼요?" 2021년 미국 아카데미상에서 윤여정 선생님의 시상 소감이다. 경쟁에서 살아남는 1등만 중요한 것이 아니라, 모두가 가장 귀하고 중요한 사람이 되는 세상을 바란다는 뜻이다. 나 역시 나이, 부, 학력, 지식의 다름과 상관없이 모두가 자신의 고유한 모습으로 꽃 피울 수 있는 세상을 꿈꾼다. 그래서 오늘도 난 세대를 넘는 배움에서 얻은 영감으로 이웃의 삶을 꽃 피울 수 있게 열정을 쏟으려고 한다. 이것이 바로 나이가 들어도 계속 꿈꾸고 도전하며 앞으로 걸어가고 싶은 이유이다.

한
가
나

아르헨티나 이민으로 조금은 다른 어린 시절을 보내고, 결혼과 육아, 프리랜서, 자영업, 회사생활을 거치며 다양한 경험과 통찰력을 통해 내면의 단단함을 만들어냈다. 어려움을 만나면 상황을 바꾸려 하기보다 자신이 할 수 있는 일을 먼저 찾아, 해내며 이겨내는 힘이 있다.

:

ESTJ, 성취, 최상화, 집중, 화합, 커뮤니케이션 강점을 가진 40대 여성.

커리어 전환

마흔셋,

다시 시작해
봅니다
/

새로운 한계를
만나러 갑니다

:

한계를 만났을 때
먼저 상황을 인정하고 받아들이며
내가 할 수 있는 일을 하다 보면
단단하게 성장해가는 나를 만나게 된다.

초등학교를 졸업하고 부모님의 사업으로 아르헨티나라는 생소한 나라로 이민 가게 되었다. 지금은 축구의 나라, 메시의 나라로 잘 알려져 있지만, 그때만 해도 "거기가 어디야?"라고 할 정도로 알려지지 않은 나라였다. 비행기를 타본 국민이 몇 없었을 시기, 미국으로 이민 간대도 평생 못 볼 거라 생각했을 텐데, 한국에서 가장 먼 나라 '아르헨티나'로 이민을 간다고 하니 더는 한국에 올 수 없을 거란 생각에 울며불며 비행기를 탔다.

처음 만난 아르헨티나는 나를 반겨주지 않았다. 부모님의 지인 소개로 들어간 학교에서는 '언어가 너무 안 되니 등교 일주일 만에 나가라.' 하고 통보받았다. 서너 달 후 다시 들어간 학교는 한국인은커녕 동양인이 전교에 한 명도 없는 곳이었다. 한국의 교육 시스템과 다르게 그곳은 점수가 미달 되면 낙제하는 제도가 있다. 7학년을 패스하기 위해 교과서를 달달 외워야 했다. 그렇게 언어의 한계를 교과서와 문장을 통째로 외우는 것으로 극복해야 했다. 그것이 열세 살이 선택한 최선의 방법이었다.

사춘기 나이에 다양한 친구를 사귀는 것에도 극복해야 할 문제가 있었다. 지금은 한류열풍이며 K-POP, K-드라마 등으로 한국이 많이 알려졌고 외국인들이 좋아한다. 그 당시에는 한국이라는 나라가 있는지, 어디 있는 나라인지도 잘 모르는 사람들이 대부분이었다. 게다가 생활방식이 다르고 문화가 너무 달라 친구를 집에 초대하기도 어려웠고 불편했다. 한국에서 외향적이던 나는 조금은 움츠러들어야 했다. 그렇게 포기하는 것도 배우게 되었다.

청소년 시절, 나에게 주어진 상황을 먼저 받아들이는 것부터 배웠다. 아르헨티나라는 생소한 나라로 이민 가는 것을 '따라가지 않겠다.'라고 버틸 수 없었고, '언어가 통하지 않으니 나는 학교에 가지 않겠다.' 하고 버틸 수 없었다. 어떻게도 할 수 없었던 상황, 그 상황을 있는 그대로 인정하고 받아들이는 것이 내가 할 수 있는 첫 번째 선택이었다. 그러고 나니, 점차 언어도 늘고, 학교 공부도 잘 따라가기 시작하고, 친구도 생겼다. 때론 서럽고 외롭기도 하고 막막하기도 했지만, 그렇게 나의 한계를 하나씩 넘어서며 조금씩 단단해져 가고 있었다.

고등학생 무렵, 부모님은 사업 문제로 여러 나라를 다니시며 바쁘셨다. 고3 때는 친구네 집에서 1년을 지내야 했다. 많이 힘들었지만 잘 버텼고, 대학준비도 혼자 잘 해냈다. 혼자 원서를 넣으러 다니고 학교를 정하고, 전공을 정하는 과정이 쉽지는 않았다. 시험을 보러 갈 때도 혼자 가야 했고, 입학식도 혼자 갔다. 부모님이 함께하셨으면 좋았겠다는 아쉬움은 있었지만, 그때 집안 상황이 어려웠기에 이해하고 받아들였다. 첫해는 대학 실패도 경험했지만 한 번 더 도전했다. 실패는 나를 더 단단하게 했다.

한계를 만나면 먼저 그 사실을 받아들인다. 인정하는 것이다. 분명 힘들고 포기하고 싶은 마음이 앞선다. 그러나 어릴 때부터 해왔던 작은 경험들이 나에게 알려주고 있다. 경험의 힘을 얻어 내가 할 수 있는 일을 한다. 그러다 보면 그 한계를 넘어서 있는 나를 발견하게 된다. 그리고 두려움 없이 그다음 단계를 맞이할 수 있다. 시련이 닥쳐올 때, 나는 나를 더 성숙하게 만들기 위한 과정이라고 생각한다.

다시 새로운 한계를 만나러 간다. 타의든 자의든 회사 밖으로 나오게 되었다. 회사의 울타리가 아닌 새로운 환경에서 나를 인정하고, 내가 할 수 있는 일을 찾고, 실패도 하며 다양하게 경험해가고 있다. 내가 새로운 한계를 두려워하지 않을 수 있는 이유는, 그동안의 내 삶에서 쌓인 경험치 덕분이 아닐까? 나는 오늘도 단단해져 가고 있다.

경험이 주는
도전의 용기

:
좋아하는 일을 해보는 경험이, 두려움을
이겨내고 도전할 수 있게 해준다.

 어릴 적 부모님은 책을 읽으라는 말씀 외에는 잔소리가 거의 없으셨다. 둘째라는 이유도 있었겠지만, 아빠는 항상 바쁘셨고 엄마는 언니와 나에게 큰소리를 내시거나 크게 혼내신 적이 없으셨다. 무언가 잘못해도 타이르시고 다시 그러지 말라고 일러주시는 정도였다. 그래서인지 하고 싶은 일을 마음껏 시도할 수 있었다. 결과가 좋지 않아도 혼날 걱정은 없었으니 두려움도 없었다.

초등학교 3~4학년 때였다. 사업을 하셨던 아빠 덕분에 우리 집에는 복사기와 코팅기가 있었다. 그림을 보고 따라 그리는 것을 곧잘 했던 나는 좋은 생각이 떠올랐다. 그 당시 인기 있던 캐릭터를 그려 여러 장 복사를 하고 코팅해서 책갈피를 만들어 친구들에게 파는 것이다. 정확하게 기억나지 않지만 하나를 50원에 팔았던 것 같다. 거실에 혼자 엎드려 콧노래를 흥얼거리며 색칠하고 오리고 만들었던 즐거운 기억이 있다. 책갈피를 본 친구들이 관심을 가지고 좋아했던 기억도 남아있다.

고등학교 시절, 이민 생활에서는 어쩔 수 없는 언어의 벽이 있었다. 그러다 보니, 하고 싶은 일을 마음껏 하기 어려웠다. 그중 하나는 책자를 만드는 것이었다. 지금처럼 인터넷이 없던 시절이었고 한국어로 된 책을 구하기도 쉽지 않았다. 내가 알게 된 좋은 이야기와 다양한 정보를 알리고 싶고, 나누고 싶었다. 그 당시 그 일을 할 수 있었던 곳은 교회였다. 이민 생활에서 교회가 가지는 의미는 남다르다. 한국인들을 만나 한국 음식을 같이 먹으며, 한국말로 대화할 수 있고 한국 정보를 교류할 수 있는 장소이기 때문이다.

친구들을 모았다. 가장 친했던 여자 친구들 대여섯 명과 함께 나의 생각을 나눴다. 흔쾌히 동의해준 친구들과 함께 책자를 만들기 시작했다. 2주에 한 번 소책자를 만들고, 배포하기로 했다. 좋은 글들을 모으고, 감동적이거나 새로운 정보를 모았다. 지금 생각하면 마구잡이로 책에 있는 내용을 가져다 쓰거나 출처가 불분명한 글을 옮기는 것은 상상도 못 할 일인데, 그때는 그런 것을 알 리가 없었다. 컴퓨터를 사용한 것도 아니다. 복사기 한 대만 가지고 오리고 붙이며 가제본을 만들어 그것을 또 열심히 복사해서 스테이플러로 가운데를 콕 찍어 책 모양을 만들어 배포했다. 이 글을 쓰며 그때를 떠올리니 웃음만 나온다. 그땐 참 즐거웠고 진지했다. 30~40페이지 정도의 소책자였으니, 꽤나 두꺼웠다. 격주로 발간하는 소책자를 지금 다시 하라고 한다면 할 수 있을까?

이렇게 어릴 적 다른 친구들은 잘 하지 않았던 일들을 다양하게 시도했던 기억이 있다. 책갈피를 만들어 50원에 팔며 떼돈을 벌고자 한 것이 아니다. 소책자를 만들어 배포하면서 무언가 나에게 이득이 오길 기다리지 않았다. 그저 하고 싶었고, 집중했고, 즐거웠고, 뿌듯했다. 이 감정은 40대가 된 내 마음에 아직도 남아있다. 어릴 적 했던 일들이 나에게 어떠한 성공을 가져다준 것은 아니지만, 이러한 경험은 나에게 무언가 새로운 것을 도전할 때 두려움 없이 시작할 수 있게 해주는 용기가 되었다.

두려움 없이 새로운 시작을 할 수 있다 해서 좌절이 없는 것은 아니었다. 대학 진학에 실패하고 재수할 때도, 취업난에 허덕이며 골방에서 혼자 이력서를 100통씩 쓸 때도, 출산 후 경력 단절로 지내다 복직했을 때도, 가장 먼저 한 것은 좌절이었다. 후회하기도 하고 자책도 하며 힘들어했다. 그러나 그렇게만 있는 건 나에게 아무 도움이 되지 않았다. 생각을 바꾸고 다시 힘을 내 집중하고 몰입해서 잘 이겨냈다. 나에게 특별한 성공을 위한 전략이 있을까? 하고 싶고, 집중하고, 즐겁고, 뿌듯하다면 용기가 생기고 새로운 시도를 지속적으로 할 수 있다.

살면서 많은 시도를 하고 성공과 실패를 만난다. 40여 년 동안 시도했던 수많은 작은 실패와 성공의 경험을 바탕으로 나는 다시 시도한다. 하고 싶고, 집중하고, 즐겁고, 뿌듯하기 위해, 두려움을 설렘으로 바꾸고 한 발 내디딘다.

일관성이 주는
안정감

:
한결같은 일관성으로 신뢰감을 주며
안정감 있는 관계를 맺자.

아이를 낳으면 '한결'이라는 이름으로 짓고 싶었다. 외부의 자극으로부터 요동치지 않고 한결같이 살아가라는 의미에서다. 돌림자를 써야 해서 우리 아이들에게 지어주지 못한 이름이지만, 아이들이 그런 한결같은 성품을 지니길 바랐다. 바람과 달리 아이들은 한결같지 않았다. 하루가 다르게 변화무쌍

하게 자랐다. 매일이 새로운 날이었던 아이들에게 어찌 한결같이 살라고 할 수 있을까? 한결같은 성품은 아이들이 아니라 나에게 필요한 것이었다. 무엇이 옳고 무엇이 그른지, 스스로 판단할 수 있게 하기 위해서는 일관성 있는 육아가 필요했다.

아이들이 유치원과 어린이집을 다닐 무렵이었다. 퇴근을 하고 집에 와서 저녁을 준비하는 동안 아이들은 TV 만화를 보고 있었다. 시간이 너무 늦어지는 것 같아 급하게 저녁을 준비하고 빨리 앉아 먹기를 원했다. TV에 푹 빠진 아이들은 엄마 말이 들릴 리가 없었다. '빨리 먹이고 씻기고 재워야 다른 집안일을 할 텐데…' 마음이 급해졌다. 강제로 TV를 끄고 식탁 의자에 앉혔다. 어리둥절한 아이들은 화가 난 엄마를 이해할 리가 없었다. 분위기를 느꼈는지 눈치를 보며 아이들은 조용히 밥을 먹었다. 화가 난 마음 위에 미안한 마음이 더해졌다. 이런 날들이 반복되자, 다른 방법을 찾아야겠다고 생각했다.

며칠이 지나고, 아이들을 불러 앉혀 설명을 했다. 저녁 시간에 엄마가 왜 이렇게 바쁜지, 왜 마음이 급해지는지, 그래서 너희들이 엄마를 어떻게 도와줬으면 좋겠는지, 차근차근 그리고 간결하게 설명했다. 입장 바꿔 생각하니 아이들이 어리둥절할 만도 했다. 그날 이후로 아이들과의 저녁 식사 시간은 순

조로웠을까? 그렇지 않았다. 한 번에 되는 건 당연히 없었다. 더 필요한 건 나의 인내심과 일관성이었다. 하루 이틀 시간이 지나면서, 서로 약속을 지키니 모두가 편안해지는 것을 몸소 체험했다. 어떤 날은 화를 낸 날도 있었지만, 진심으로 사과했다. 아이들과 나는 이렇게 하나씩 경험하면서 소통해나가는 것을 배웠다.

육아에서 가장 중요한 것 중 하나는 일관성이다. 일관성은 관계에 신뢰와 안정감을 주는 중요한 요소이다. 아이들은 부모를 신뢰하면서 안정감을 느끼기 때문이다. 어린아이들은 아직 자기조절이 잘되지 않다 보니 외부로부터의 자극에 매번 휘둘리게 되고, 엄마들은 그런 아이들에게 휘둘리게 된다. 그러다 보면 일관성은 어디서도 찾아볼 수 없게 되는 것이 육아의 현실이다. 그렇다면 일관성을 유지하기 위해서는 무엇이 필요할까? 첫 단계는 아이가 언제, 어떤 상황에서, 무엇 때문에 엄마를 힘들게 하는지를 파악하는 것이다. 그래야 대처하기가 수월하기 때문이다.

직장에서 팀장으로서 팀원들을 대할 때, 육아의 경험으로 관계를 맺었었다. 큰아이와 작은 아이가 다르듯, 팀원들도 제각각 다른 성향과 일하는 방식을 가지고 있었다. 팀장의 방식대로 강요하고 싶지 않았다. 업무의 큰 방향은 팀장이 잡고 가지만, 각자 맡은 일에 있어서는 다양한 의견도 들어보고 시도하고자 하는 것을 허용해줬다. 물론 주어진 범위를 벗어날 때는 옆에서 가이드를 해주기도 했다. 그 안에서 내가 중요하다고 여겼던 것은 일관성이었다. 한배를 타고 가며 키를 잡고 있는 팀장이 이리저리 흔들린다면 각자의 업무를 안정적으로 수행해내기 힘들기 때문이다.

육아를 하면서 배웠던 다양한 것들은 비즈니스에도 적용되는 부분이 꽤 있다. 브랜드를 공부하면서 그리고 현장에서 일하면서, 일관성 있는 육아를 하듯 일관성 있는 방향성과 콘셉트를 유지하는 것이 참 중요하다는 것을 느꼈다. 그 일관성을 지키기 위해서는 아이를 살피듯, 고객이 언제, 어떻게, 무슨 생각을 하고 어디로 움직이는지 파악하는 능력이 필요하다. 고객을 만날 때도 나의 주장만 펼치는 것이 아니라, 귀 기울여 듣고 같이 고민하고 문제를 해결해나가는 자세가 중요하다. 고객과의 관계는 여기서부터 시작되는 것이다. 엄마가 아이에게 신뢰감을 주듯, 고객에게 신뢰감을 주는 것이 안정된 관계를 맺는 시작점이 된다는 것이다.

아이들을 키우며 인내하고, 기다려주고, 격려해주는 나로 변해있는 것을 발견한다. 아이들이 엄마와의 신뢰감을 쌓아 안정감 있게 커가길 바라는 마음이 나를 그렇게 바꿔주고 있었다. 아이들과의 관계에서 배운 것을 모든 관계 맺기에 적용해본다. 상대에게 신뢰를 쌓고 나를 통해 마음 뜨거운 가치를 가질 수 있길 바란다.

20대의 꿈,
40대의 도전

:
언제든 주체가 되는 삶을
시작할 수 있다.

　대학교 2학년과 3학년 사이, 일 년을 휴학하고 아르헨티나 부모님 댁에 가 있었다. 3학년 복학을 앞두고 아르헨티나는 IMF를 맞았다. 97년 한국에 처음 왔을 때, 한국의 IMF를 겪어 봤었다. 한국과 아르헨티나는 달랐다. 아르헨티나의 IMF는 지방 곳곳에 폭동을 일으켰고, 전국에 있는 모든 은행의

문을 닫아버렸다. 달러를 구할 수 없게 된 상황에서 복학을 포기하고 자퇴를 알아보고 있었다. 나의 사정을 알게 된 지인으로부터 받은 등록금 300만 원을 손에 쥐고 다시 한국에 입국했다.

졸업 때까지 2년의 시간은 1인 알바천국이었다. 전공 조교실, 학교 도서관, 선물 가게, 디자인 임시직까지 닥치는 대로 아르바이트를 했다. 방학 때는 선배님이 하시는 디자인회사에 들어가 일을 했다. 당장 벌어야 하는 생활비가 급했다. 매 학기 학자금융자로 등록금을 충당하고, 이자를 내기 위해 아르바이트를 해야 했다. 4학년 졸업 작품을 준비할 때는 밤을 새워가며 작품을 만들고, 낮에는 열심히 일했다. 졸업을 앞둔 나에게 조교를 하던 선배가 조교 자리와 함께 대학원 진학을 권했다. 감사했지만 회사에 가서 돈을 벌고 오겠다며 거절했다.

대학에 입학할 때, 막연하게 창업을 꿈꿨었다. 그러나 집안 형편은 IMF로 인해 기울기 시작했고, 대학 졸업 때는 쌓여있는 학자금대출에 떠밀리듯 회사에 입사해야 했다. 회사는 당장 급한 돈을 마련해주었다. 매달 꼬박꼬박 들어오는 월급은 나를 안정적으로 만들어 주었다.

여느 워킹맘들처럼 출산과 육아를 겪으면서 복직과 퇴사

를 놓고 고민했었다. 시댁과 친정은 너무 멀리 있어, 육아는 오롯이 남편과 나의 몫이었다. 작은아이를 낳고 출산휴가를 마친 후 복직 한 달 만에 퇴사했다. 작은아이가 15개월이 될 무렵, 어린이집에 보내고 잘 적응하길 기다렸다. 아이가 울지 않고, 뒤돌아보지 않고, 어린이집 문을 들어서는 데까지 한 달이 걸렸다. 낮잠을 자고 오후 4시까지 잘 지내다 오는 데에도 또다시 한 달이 걸렸다. 생각보다 길었던 어린이집 적응 기간이 지나면서 유·아동 미술을 가르치는 일을 시작했다. 혼자 자료를 조사하고 커리큘럼을 짜며 준비했다. 내가 배우던 미술과 다른 미술을 가르치고 싶었다. 그러다 보니 홀로 준비하며 버티는 시간이 많이 필요했다. 그 무렵, 남편이 갑자기 아파서 나는 다시 회사로 돌아가야 했다. 그렇게 창업의 꿈은 또 멀어졌다.

회사생활은 보람되기도 했지만, 때론 힘들었다. 동료들과 잘 지냈지만, 직속 상사와는 의견이 부딪치는 경우가 있었다. 몇 년을 다닌 마지막 회사에서 새로 들어온 상사가 나와 같이 일하기 힘들다며 퇴사를 권유했다. 뜻이 맞지 않은 사람과 일하는 건 정말 힘든 일이었다. 창업을 할 수 있는 마지막 기회가 왔다고 생각했다. 아이들도 많이 컸고, 남편 건강도 많이 좋아졌다.

마흔 중반에 마지막 퇴사를 했다. 그러나 회사원으로서 지낸 시간이 너무 길었나 보다. 마음을 추스르고 혼자 서기에 일주일이면 될 줄 알았건만, 가을이 지나고 추운 겨울을 지날 무렵까지 마음과 멘탈은 추슬러지지 않았다. 이 우울감이 어디서 오는 것일까? 나는 매달 꼬박꼬박 나오던 월급을 그리워하고 있었다.

회사원의 때를 벗겨내는 데 서너 달은 걸린 것 같다. 해가 떠 있는 시간에는 꼭 컴퓨터 앞에 앉아있어야만 할 것 같았다. 은행이라도 가면 급하게 볼일을 보고 빠른 걸음으로 돌아왔다. 시간이 해결해 주리라 생각했지만, 아니었다. 안 되겠다 싶어 적극적으로 사업하는 사람들을 찾아다녔다. 모임에 참여하고 이야기를 들었다. 책을 찾아 읽고 내 이야기도 오픈했다. 적극적으로 움직이니 하나씩 바뀌기 시작했다. 규칙적으로 아침에 운동을 하며 몸과 마음의 체력을 길렀다. 아이들의 졸업식과 입학식을 누구의 허락 없이도 갈 수 있어 너무 좋았다. 조금씩 일과 생활을 스스로 컨트롤하기 시작했다.

20대에 꿈꿨던 막연한 창업, 40대가 되어보니 나름대로 준비된 것이 많았다. 당장 급한 생활비를 쫓아 일했던 그때가, 창업을 준비시킨 시간들이었을까? 40대에 새로운 시작을 하는 것은 늦은 것이 아니라, 두 번째 막을 여는 것이다. 상사가 시켜서 결재를 받고 하는 일은 그만하자. 20년 만에 나 자신이 주체가 되는 것이다.

100살까지
나를 확장하자

:
스스로 생각하고 꾸준히 실행하여
나를 확장하자.

코로나가 창궐하기 전 가을, 아르헨티나에 사시던 부모님께서 그곳 생활을 정리하고 한국으로 나오셨다. 원래는 딸들과 몇 개월을 함께 보내고 다시 아르헨티나로 돌아가실 계획이었다. 계획과 달리 코로나로 발이 묶여 4년이라는 시간을 같이 보내게 되었다. 회사생활을 하셨다면 정년을 훌쩍 넘긴 연세의 부모님이었지만 내 눈에는 너무 건강하고 젊어 보이셨다. '100세 시대'라는 말이 생각났다.

한창 회사에 다니던 30대 후반 무렵, '100세 시대'에 대한 이야기가 들려오기 시작했다. '100'이라는 숫자가 주는 압도적인 느낌 때문인가, 마음에 부담감이 들었다. 가족들 나이를 계산해 보니 내가 50대가 되면 아이들은 성인이 되어있을 테고, 60대가 되면 아이들은 결혼을 준비할 나이가 되겠구나 싶었다. 부모님께서 100세가 되시면 난 70대가 된다. 생각이 복잡해질 것 같아 나이 계산하던 것을 멈췄다.

10~20년 전, '80세 시대'를 말할 때였다. 그때의 노후 준비란 돈 관리를 잘해서 정년 이후 편안하게 여행 다니며 즐기는 삶을 말했었다. 하지만 이제 정년은 빨라지고 100세까지 산다고 생각하니, 여행은커녕 먹고 살 걱정이 앞섰다. 70대 중반이지만 건강하신 부모님을 보면, 80대 중반까지는 일할 수 있을 것 같았다. 그렇다면 내 나이로는 앞으로 40년이라는 긴 시간 동안 일을 해야 한다는 말이다. 그동안 했던 사회생활이 20년 정도인데, 그 두 배라고 생각하니 나이를 계산할 때보다 머릿속이 더 복잡해졌다.

열아홉 살 때부터 따로 살다가 20년이 지나서야 부모님과 함께 지내다 보니, 그동안 몰랐던 부모님의 모습을 보게 되었다. 워낙 바쁘게 지내시던 분들이라 어릴 때는 나에게 크게 관여하지 않고 많이 신경 쓰지 않으셔서 자유롭고 좋았다. 지금은 시간적 여유가 많다 보니 어릴 때 갖지 않으시던 딸에 대한 관심과 사랑의 표현이 너무 넘쳐났다. 그런 부모님을 보고 있으니 '시간이 너무 많으셔서 그런 걸까? 아니면 나이가 들면 다들 그러시는 걸까?'라는 의문이 들면서, 나이가 들수록 더욱더 독립적으로 살아야겠다는 생각이 들었다. 나의 두 번째 인생의 막은 독립적인 존재가 되기 위한 준비로 시작해야겠다고 생각했다.

책을 찾아 읽고, 강의를 들으러 다녔다. 사람들을 만나고 새로운 이야기를 들으며 생각을 정리하니, 뭐든 시작해도 될 것 같다는 자신감이 들었다. 종이를 펼쳐놓고 무엇을 잘하는지, 좋아하는 것은 무엇인지 적어 내려가기 시작했다. 고등학생 진로상담을 하는 것 같았다. '다음 세대를 위한 진로교육' 강의도 아이들을 위해 들었지만, 오히려 나를 위한 조언을 얻었다. 나는 새로운 진로를 준비하듯 기대하고 있었다.

스무 살, 진로의 방향을 잡은 다음 무작정 달렸었다. 입시 미술을 준비하던 시절, 한 장의 그림을 4시간 안에 그려야 하는 시험 준비를 해야 했다. 오후 6시부터 시작되는 미술학원 수업이 10시가 되어야 한 장을 완성하며 수업이 끝이 났다. 많이 그려봐야 경쟁력이 있을 거라는 생각에 학원 열쇠를 원장님께 받았다. 모든 수업이 끝나는 10시부터 한 장을 더 그리고, 새벽 2시에 학원 문을 닫고 집으로 돌아갔다. 스스로 해야 할 일을 찾아 앞만 보고 달려가며 열심히 노력했던 시절은 아직도 내 가슴을 두근거리게 만든다. 그때처럼 다시 달려보고 싶었다.

마흔세 살, 스무 살 때처럼 하나에 몰입하기에 쉬운 환경은 아니었다. 그러나 그것이 핑계가 될 순 없었다. 이미 가지고 있는 여러 가지 경력과 경험을 잘 버무리고, 회사에서 경험해보지 못했던 일을 찾아서 시도했다. '스스로 노후준비'와 '스스로 일자리 창출'을 한다고 해서 '스스노'라는 닉네임으로 블로그를 열고 모든 과정을 기록했다. 기록하다 보니 부족한 것이 보였고, 도움의 손길을 찾아 보강했다. 블로그에 들어오는 사람들이 점차 늘어나면서 나의 경험을 궁금해하고 배우고 싶어 하는 사람들이 생겨났다. 신기했다.

내 책상 앞에는 '실행력', '꾸준함'이라고 쓴 메모지가 붙어 있다. 회사에 다닐 때는 생각하지 못했던 단어다. 하고자 하는 한 가지 일을 실행하고 나니, 그 일이 가지를 치며 뻗어 나가 확장되는 것을 경험하고 있다. 그중 하나가 지금 쓰고 있는 이 책이다. 앞으로의 40년이, 10년마다 새로운 일을 하게 될지, 40년 동안 한 가지 일을 하게 될지는 아직 모른다. 그저 지금 내가 할 수 있는 일을 시작하고, 이 일을 꾸준히 하다 보면 100세가 될 때까지 나의 삶을 활기차게 보낼 수 있지 않을까? 매년 속도는 좀 떨어지겠지만, 열정은 떨어지지 않길 바란다.

마흔셋,
다시 열린 성장판

:
평생 성장하자.
성장은 완성이 아니라 과정이다.

아이들을 키우면 주변 엄마들이 아이의 키가 자라지 않는다며 걱정하는 경우를 많이 본다. 우리 부부는 아이들의 키가 크지 않을까 봐 염려하거나 키에 대한 스트레스를 주지 않았다. 그러나 정작 우리 아이들은 남자아이들이라 그런지 자신들의 키가 크지 않을까 봐 걱정스러운 눈치다. 어쩌다 병원에서 엑스레이라도 찍을 일이 생기면 성장판이 열려있는지 확인하고 싶어 목이 빠져라 내밀고 고개를 기웃거리곤 한다.

성장판은 뼈와 뼈 사이에 연골 상태로, 대부분 뼈마다 존재한다. 성장판이 닫히는 시기가 오면 성장이 멈추고, 뼈 위치마다 닫히는 시기도 다 다르다. 성장하기 위해서는 성장 호르몬이 필요하고, 성장 호르몬은 정해진 과정에 따라 뼈에 작용한다. 올해 고1이 된 큰아들은 이제 자신의 키가 멈춘 것 같다며 이내 포기를 한 것 같았다. 안타까운 마음에 자료를 찾아보니 닫히는 시기는 다 다르지만, 마지막으로 닫히는 뼈는 20~30세라고 나와 있었다. 이 얘기를 해주니 표정은 변화가 없었지만 약간 기뻐하는 것 같았다.

성장의 모든 과정마다 필요한 요소들이 어느 정도 충족되어야 잘 성장할 수 있다. 어느 정형외과 의사는 "키가 크는 데 있어 가장 중요한 것은 유전자이지만, 좋은 환경을 만들어 주면 그래도 더 클 가능성이 있다."라고 한다. 그러나 이 모든 것이 성장판이 닫혀있다면 이미 희망이 없는 것이다. 그래서 아이들은 무엇보다 성장판이 아직 열려있는지를 확인하고 싶었던 것이다. 가능성에 대한 기대와 희망을 걸기 위해서다. 아이들의 성장을 보며 나 자신은 나의 성장을 위해 얼마나 기대하고 있는지 생각해봤다. 바쁘다는 핑계로 성장판이 열려있는지 닫혀있는지에 대한 생각조차 하지 않고 살고 있었던 것은 아닐까?

그동안 회사에 다니면서 경제적으로 필요한 부분을 채우며 가정을 돌봐왔다. 잘하는 것을 통해 직업을 유지해왔고, 한참 회사 일을 배워야 할 때는 업무와 관련된 공부도 열심히 했다. 실수도 많이 하면서 시행착오도 겪었다. 이런 것이 오히려 '배우고 있구나.'라고 생각하게 해서인지 일하는 것이 즐거웠다. 그때는 사회에서 성장해나가고 있다고 느껴졌다. 그러나 정해진 일만을 요구하는 회사에서는 성장에 한계가 있었다. 연차가 쌓일수록 배움의 기회는 줄어들었고, 지금보다 더 성장할 수 있을 거라는 기대감이 사라지기 시작했다. 그렇다고 아무 준비도 없이 무작정 회사를 나올 수는 없었다.

어느새 내 마음속에는 뼈와 뼈 사이의 연골이 다 사라지고 성장판이 닫혀버렸던 것은 아니었을까? 다시 성장할 수 있을지에 대한 확신은 없었다. 마음의 성장판이 열려있는지 확인할 수 있는 병원이 있는 것도 아니었다. 확실하지 않으니 뿌연 안개 속을 걷는 것 같았고, 그 속에서 한 발도 내딛기가 어려웠다. 불안이었다. 불안은 대상이 뚜렷하지 않다. 아직 일어나지 않은 일에 대한 두려움이다. 어쩌면 불안정하고 위험해 보이는 세상에서 나도 같이 불안을 느끼며 살아가고 있는 것은 아닐까. 안전한 토대를 마련하기 위해 안정적인 직업이나 직장을 구하려고 했던 것일 수 있다.

새로운 시작이 어렵게 느껴졌던 이유는 완벽한 준비를 해야겠다는 마음 때문이었다. 그러나 가만히 생각해보면 아이를 키우는 것도, 사회에 나와 일을 했던 것도 100% 확신하며 시작한 게 아니었다. 일단 해보고, 아니면 돌이켜보기도 하고, 될 때까지 무작정 달려보기도 했었다. 60% 정도의 확신만으로도 무언가를 시작했던 것이다. 그리고 나머지 40%는 시작한 이후에 확신을 채워나가며 나의 결정을 확고히 해나갔었다.

회사라는 울타리를 나와 혼자서 무언가를 시작한다는 것은 설렘과 두려움이 동시에 몰려온다. 가장 오래 했고 잘할 줄 아는 디자인 일부터 시작해보려 한다. 디자인은 다른 이들의 기획을 실행시켜주는 역할로, 매력을 느끼는 일이기도 하다. 그리고 오래전부터 마음에 품기만 했던 나만의 브랜드를 만들기 위해 스터디도 시작했다. '내가 할 수 있을까?'라는 불안한 생각이 머릿속에 가득 차기도 하지만 새로 시작하는 일을 계획하고 지인들에게 얘기하다 보면 한 톤 높은 목소리로 설명하고 있는 상기된 나의 모습을 발견하게 된다. 자신의 성장판이 아직 열려있는지 궁금해하는 아이들처럼 앞으로 새롭게 펼쳐질 일들을 기대하며 생각과 마음을 다잡아본다.

성장은 과정이다. 완성된 것을 성장이라고 말하지 않는다. 인생의 두 번째 막을 시작하는 시점에서, 완성을 생각하는 것은 욕심이다. 60%의 확신을 가지고 시작했으니, 나머지 40%는 차츰 채워나가면 된다. 시작이 완벽할 수는 없으니까 시작을 어려워하지 말자. 마흔셋, 다시 시작해보자.

김수영

교직에서 30년간 수많은 제자들과 함께 좌충우돌 성장통을 겪었으며 지금도 지속 성장 중이다. 학생들의 진로와 학습 성장을 도운 경험을 살려, 여러 고민 해결을 돕는 사명을 깨닫고 한국 코치협회 전문 코치(KAC), 퍼실리테이터, 디자인씽킹, 강점 코치과정을 마쳤다. 현재 강점 코치, 학습 코치, 진로 코치로서 사람들을 돕고 있고 전문 라이프 코치로 발돋움하고 있다.

:

ESFJ, 개별화, 책임, 전략, 성취, 공감 강점을 발휘하며 열정적인 삶을 사는 50대 여성.

● 커리어 전환

지금부터
시작해도
괜찮아
/

지각변동

:
인생의 위기는
소리 없이 갑자기 찾아온다.

"음…. 뭔가 큰 혹이 있는 것 같습니다. 소견서를 써줄 테니 큰 대학 병원에 가서 좀 더 정밀검사를 받을 것을 권유합니다."

모니터를 보면서 한 손으로 초음파 기구를 이리저리 움직이던 의사가 무미건조한 어투로 알린다. 갑자기 나는 심장에서 덜컹하는 소리를 들었다.

'아…. 또 언제 시간을 내라는 거야. 바쁜데!'

불안한 마음으로 걱정하면서도, 병원에 갈 시간을 만들어 내기 위해 또다시 수업 시간표를 바꿔 달라고 부탁해야 하는 상황에 짜증부터 났다.

나는 고3 담임이었다. 그것도 9월.

9월의 고3 교실은 긴장감으로 가득하다. 파이널 성적을 받아 든 아이들을 하루에도 열두 번씩 만나며 대입 배치 상담과 뒤치다꺼리로 막판 스퍼트를 달리는 시기였다. 하필 그때였다. 설마 하면서 찾아간 대학 병원에서 당장 내일 CT를 찍자고 하는 말을 들은 것은.

"선생님, 제가 사실 고3 담임이라 지금 수술할 상황이 아닌데요, 혹시 몇 달 후면 방학인데 그때 하면 안 되나요?"

"아니 지금 제정신이에요? 이거 잘못하면 터진다고요. 제가 보기엔 암일 확률이 매우 높습니다. 그런데 지금 고3이 문제에요? 본인이 죽느냐 사냐인데?"

의사가 나의 멍청한 소리에 어이가 없었는지 확 짜증을 내며 간호사에게 검사를 넣으라 지시한다. 나는 그때서야 비로소 내가 진짜로 심각한 상황임을 알고 다리에 힘이 풀렸다.

'하필, 이럴 때라니.'

병원쇼핑이 시작되었다. 이 병원 저 병원으로 다니며 여러 검사들을 지루하게 반복해댔다. 아무리 급하다지만 나는 어떻게든 수술을 피하고 싶었다. CT를 찍고 조영제 냄새가 입으로 역하게 올라오는 가운데 다시 학교로 들어와, 하루가 멀다고 지원 대학을 자꾸만 변경해대는 아이들과 줄다리기하는 시간들이 지속되었다. 어떻게 해야 할지 모른 채 우왕좌왕하며 나의 삶과도 줄다리기를 하기 시작했다.

의사들의 진단은 안타깝게도 모두 일치했다. 수능을 한 달 앞두고 수술 명령이 떨어졌다. 본인 건강을 지키지 못하면 나의 소중한 사람들도 지킬 수 없다는 것을 새삼 실감하였다. 맡은 임무에 대한 책임을 다하지 못했다는 자괴감이 나를 괴롭혔다. 목구멍이 뜨거워지며 가슴 밑바닥으로부터 무언가 거세게 솟구쳤다.

결국 죄 없는 나의 가장 친한 동료에게 일이 맡겨졌다. 미안하다는 말조차도 입에서 나오지 않았다. 나를 너무 잘 알고 있는 눈치 빠른 강 선생이 말했다. "이 바보야. 그냥 내 생각만 하는 거야. 이런 때는. 뒤는 내가 알아서 할 테니 본인만 생각해."

수십 년의 교직 인생을 살아오는 동안, 자신에게 어떠한 질문도 할 사이 없이 바쁘게만 살았다. 그냥 아이들의 미래를 위해 하루하루 최선을 다하는 것만이 좋은 선생이 되는 길이라고 생각했다. 그러나 나의 자발적 의지와는 달리 그 언제라도 나의 인생의 길이 즉시 중단될 수도 있다는 사실을 경험하면서, 준비하지 않은 삶이란 무책임한 일임을 자각하게 되었다. 수술 후 항암치료 하다가 죽게 되면 어떡하지? 겁이 났다.

다행히 결과는 정말 운 좋게도 종양을 제거하는 것에 그쳤다. 항암치료를 안 해도 된다니! 그것만으로도 감사한 일이었다. 하지만 6개월마다 CT 촬영과 각종 방사선 검사가 반복되었고 재발이 잦아 철저히 건강관리 해야 한다는 의사의 엄중한 경고도 반복되었다. 그렇게 투병이 시작됨과 동시에 나의 삶을 지탱하던 가치관은 원점으로 내던져졌다.

어정쩡하게 또 몇 개월의 시간이 흘러가던 어느 날이었다. 아픔의 충격도 잠시, 다시 일상에 파묻혀 예전으로 돌아간 삶을 살고 있을 때였다. 갑자기 우리 반 다은이가 찾아오더니 당장 내일 자퇴하겠다고 폭탄선언을 한다. 혹시 스스로도 변심할까 봐 두려운 걸까. 바로 다음 날 어머니도 모시고 왔다. 왜 이렇게 서두르는지 이해가 되지 않았다.

"학교를 그만두면 집에서 뭐 할 거니? 혹시 검정고시를 준비할 거니?"

그러자 엄마가 다급히 나의 설득을 막으려고 나섰다.

"선생님, 너무 다그치지 않으려 해요. 그냥 당분간 좀 쉬면서 하고 싶은 일을 찾게 해주고 싶어요."

"집에 혹시 부모님이 함께 계시나요?"

"아뇨. 애 아빠와 저는 둘 다 직장에 나가서 집에 애만 남아 있어요."

"아…어머니, 혼자 집에 남겨진 채, 할 일이나 목표도 없다면 너무 막연하게 시간이 흘러가지 않을까요? 자퇴 숙려제도 있으니 그동안 좀 더 모색해보시는 게 어떨까요?"

"아이가 의지가 확고해서 그냥 바로 자퇴하려고요."

무작정 자퇴를 하겠다는 학생에게 그 어떠한 미래의 청사진도 보여줄 수 없었다. 명사형 직업이 아니라 동사형 직업을 가져야 한다며 막연하게 떠들어대던 나는 정작 교사 이외의 직업은 해본 적이 없으니 어떠한 가이드도 해줄 수 없었다. 그렇게 제자를 교실 밖으로 떠나보냈다. '나나 너나 늘 하던 일을 그만두면 뭘 해야 할지 막막해하긴 마찬가지 인생이구나. 오히려 결단을 내리는 네가 나보다 더 낫다.'

경주마가 눈가리개를 단 것마냥 직진만 하던 나의 인생에 일단 브레이크를 걸었다. 다은이처럼 그냥 쉬면서 할 일을 찾아볼 만큼 나이가 젊거나 기회가 많지도 않다. 그러나 막상 외길을 걷다가 다른 것들을 찾자니 나 자신이 할 줄 아는 게 하나도 없었고 그것이 너무 무력하게 느껴졌다. 열심히만 살아온 나의 인생이 미련한 바보의 삶을 산 것 같아서 패배자의 심정이 되었다. 요령 없는 나 자신만 탓하는 날들이 계속되었다.

기회가 된
코로나

:
위기는 새로운 기회임을
포착하자.

2020년 2월 5일.
졸업식은 결국 취소되었다.
아이들에게 시간대별로 한 명씩 교무실로 와서 졸업장만 받아 가라는 결정이 내려졌다. 코로나19로 인한 사회적 거리두기가 실시되었기 때문이다. 그날 교무실을 찾아온 아이들의 황망한 표정은 아직도 잊히지 않는다.

갑자기 IMF를 겪었던 때가 생각났다. 설마설마하다가 결국 은행이나 회사가 망하는 충격파를 그대로 받아야 했다. 2008년 서브프라임 사태 때에도 세계는 유사한 패턴을 겪었다. 뭔가 공통점이 보였다. 크게 지축을 흔드는 전 세계적인 사건이 일어날 때는 복구가 쉽지 않은 데다 시간도 오래 걸린다는 사실을.

'빨리 행동하자.'

"좀 더 기다려보면 그래도 교육청에서 다시 지침을 내리지 않을까요? 아니, 애들이 없는데 어떻게 수업을 해요."
"아냐, 느낌상 오래갈 것 같아. 일단 줌(ZOOM) 할 줄 알지?"
"처음 듣는데요? 그런 게 있어요?"

아니나 다를까, 3월 개학은 무기한 연기되었다. 미리 준비해야 한다는 나의 판단은 적중하였다. 갑자기 빈 교실에 들어가 화상 수업을 해야 했다. 아무 장치도 준비된 게 없었다. 그냥 해야 했다. 허겁지겁 닥치는 대로 뭐라도 배워야 하는 절박한 시간들이 계속되었다. 마이크와 화상 카메라가 인터넷 상점에서 동나고, 교사 각자의 개인기로 모든 것을 풀어내야 했다. 카카오 단체 카톡방이 우후죽순처럼 급속히 생겨나기 시작하고, 어떻게 수업해야 할지 카톡으로 스터디가 행해졌다.

'아니, 직접 만나지 않고도 이런 게 가능하다고?'

새로운 기회임을 직감했다. 코로나는 특히 바이러스 전염 문제이고 그렇다면 쉽게 끝날 것 같지 않았다. 변화를 거부하지 말고 차라리 확실하게 끌어안으며 대비해야겠다는 판단이 들었다. 상상 속에서나 존재하던 실시간 화상 수업이 현실 안으로 들어오지 않았는가. 이것저것 가릴 처지가 아닌 나로서는 동영상 편집이나 각종 온라인 프로그램들을 닥치는 대로 공부하면서 자연스럽게 인터넷 커뮤니티와 연결되었다. 대부분은 나보다 젊은 분들이었지만, 급작스러운 변화 앞에 당황스럽고 모르기는 어차피 마찬가지였다. 출발선은 같았다.

모든 것이 하루아침에 온라인 세상으로 바뀌었다. 이런 양상이라면 코로나가 끝난 이후, 이제 학교의 수업은 칠판과 분필의 시대로 다시 원상 복귀할 수 없을 것이다. 온라인 가상 교실에 자료들이 탑재되고 아이들에게 나눠주던 종이 프린트물이 사라졌다. 디지털 유전자를 가지고 태어나지 않은 기성세대의 사람들은 포기와 적응 둘 중 하나를 선택해야 할 운명에 처했다. '아니, 왜 이렇게 인생이 고단 한 거야. 건강도 부실한데 이젠 또 새로운 세상에 적응하느라 밤을 새워야 한다니!'

이 흐름에 힘들여 적응할 것인가, 이참에 그만두고 직장에서 나가 요양이나 해야 할까 또다시 갈등이 마음을 짓눌렀다. 계속 건강이 염려되었다.

어느 날, 인터넷 커뮤니티에서 만난 젊은 친구가 연락을 해왔다.

"선생님, 함께 강점 코칭 받아보실래요? 뭘 잘하는지 알면 길이 좀 보이지 않을까요?"

그렇게 강점 코칭과 만났다. 강점이란, 강하게 발현되는 개인의 재능 테마를 말하는 것인데 코칭을 통해 내가 왜 그동안 그렇게 살아왔는지 드디어 시원하게 이해하게 되었다. 마치 수학책 뒤편에 있는 해설지를 본 느낌이었다. 왜 진작 이 생각을 못 했지? 십 년 묵은 체증이 다 내려간 기분이었다. 나의 강점은 역시나 교직에 잘 맞는 것이었고, 그래서 천직으로 생각하고 물 흐르듯 이어 온 것이었다. 그러한 강점들이 강하게 발현되기 때문에 앞으로도 내가 라이프 성장 코치로서도 꽤 잘 맞을 것 같다는 결과도 알게 되었다.

"아니, 나야 좀 절박해서 받았다 치고, 돈을 일부러 들여서 코칭 받을 사람이 진짜로 많을까?"

"엄마, 세상에는 의외로 어떻게 살아야 할지 조언을 듣고 싶은 사람들이 많아. 우리 20대만 해도, 필요하면 인터넷 강의를 듣는 것이 매우 자연스럽고 그런 서비스에 대해 충분히 가격을 지불할 용의가 있어. 엄마가 지난 30년간 상담하고 진로 찾아주고 그런 게 일상인 사람인데 그 경험을 살려 전문 코치가 되는 것을 한번 생각해봐요. 잘 어울려요!" 어느덧 자라나서 친구같이 된 딸이 이제는 나의 선배라도 된 듯 시원한 충고를 덧붙인다.

강점 코칭을 받으면서 알게 된 것은, 전혀 다른 것을 시도하는 것보다 내 안에 축적된 숙련된 경험을 인정하고 거기에 약간의 추가 노력으로 능력을 살리는 것이 오히려 발전의 첩경이 될 수 있다는 가능성이었다. 그러나 무엇보다도 가장 값진 것은, 타인의 성장을 돕는 코치로서의 사명을 발견한 것이었다.

언제 어디서든 누구나 만날 수 있는 온라인 공간, 이제 그곳은 새로운 발견과 도전의 장소가 된다. 영상편집을 공부하며 지식을 익히고, 강점 코칭으로 나를 발견한 것 모두가 온라인을 통한 것이었다. 가능성과 기회는 사람을 타고 온다. 무엇보다도 온라인을 통해 새로운 사람과도 연결된다는 사실이 정말 매력적으로 다가왔다. 그러면서 나를 둘러싸고 있던 장벽들을 하나씩 하나씩 허물기 시작했다. 코로나로 인해 강제로 익히게 된 온라인 활동이 감사하게 느껴지는 순간이었다.

작은 시도

:
작은 시도를 통해
새로운 가능성을 확인하자.

강점 코칭을 받을 때, 자신의 강점이 무엇인지 주변 지인들에게 인터뷰하는 숙제가 있었다. 결과를 받아 든 나는 웃지 않을 수 없었다. 확실히 이건 극찬에 가까운 피드백이었다.

"선생님은요, 10대의 학생들과 학교에서 매일 만나고 20대의 딸과 한집에서 같이 살고 있는 데다 30대, 40대 직장 동료들과 하루 종일 일하고 계시잖아요. 친구들이나 가족들은 또래분들 50대, 60대이고 선생님 부모님들은 90대 나이시니 거의 전 연령층을 아우르고 계시는 점이 정말 놀라워요!"

"선생님하고 이야기하면 늘 이야기에 설득돼요!"

타고난 이야기꾼인 아버지의 영향을 받은 것도 한몫했다. 결국, 타고난 재능과 반복적인 상황 노출이 나의 소통과 공감 강점을 만들어냈으리라.

나를 알아가는 작업은 재미있었다. 코칭의 매력을 알게 된 나는 연이어 한국 코치협회 전문 코치 자격까지 따냈다. 사람들은 누구나 무한한 가능성을 가지고 있으며, 그 사람에게 필요한 해답은 본인 내부에 있다는 코칭 철학에서 내 직업관과의 공통점이 있음을 알고 뭔가 마음이 찡했다. 학교에서도 실제로, 자신의 가능성을 추호의 의심도 없이 믿고 노력하는 아이들을 '진짜로' 믿어줄 때 기적과 같은 현실을 만들어내는 것을 정말 많이 경험했기 때문이다. 공감과 경청이라는 대화기술의 중요성도 다시금 배우게 되었다. 그때쯤이었다.

"선생님, 전학생 있어요. 혼자 왔던데요?"

교무행정사 선생님이 걱정스러운 얼굴로 소식을 알린다.

평생 학생과 학부모를 상대하는 게 직업인 나는, 특유의 직감 능력에다 경험치 레벨이 한껏 높아져서 정말로 몇 초 안에 상황이 읽힌다. 경희를 보는 순간, 행정사 선생님의 묘한 표정을 단번에 이해할 수 있었다.

"서울과 지방을 오가면서 이렇게 단시간에 여러 학교를 거쳤으니, 너도 적응하느라 힘들었겠구나. 그런데 다리 꼬지 말고 제대로 좀 앉아봐. 전학을 왔으니 교복도 제대로 입어야겠다."

추리닝 차림으로 다리를 꼬고 앉아서 핸드폰만 하고 있던 그녀의 긴 손톱에 네일아트가 화려하게 장식되어 있었다. 그녀는 낙타처럼 긴 눈썹을 꿈벅이며 작은 목소리로 알았다고 얼버무렸다. 나는 그때까지만 해도 불과 몇 시간 후의 나의 운명이 어떻게 펼쳐질지 모르고 있었다. 수업을 다 끝내고 내려오자, 교감 선생님이 다급히 부른다.

"선생님, 오늘 전학생 있었죠? 아버지가 지금 당장 학교로 와서 선생님 좀 만나야겠다고 전화했네요."

"네? 왜요? 오늘 전학 온 애가 단 몇 시간 만에 무슨 민원을요? 제가 뭘 잘못했다는 건가요?"

"하아…, 그 아버지가 막 흥분해서 소리치며 욕을 하시더라고요. 교복을 입지 않고 왔다고 혼내고 자기 아이를 무시했다고요. 지금 교문 앞을 통과하고 있다고 전화 왔어요. 아무래도 학부모가 너무 흥분상태라 위험하니 제가 대응하는 게 나을 것 같습니다. 선생님은 죄송하지만, 휴게실로 피신해 계세요."

6·25 동란도 아닌데 피신이라니. 아마, 그녀는 나를 간 보고 길들이려는 것 같았다. 그 아버지도 아마 같은 맥락이리라.

결국, 그 아버지는 직접 만나서 따져야겠다며 다음 날 또 학교에 방문한다고 연락을 해왔다. 만일의 사태에 대비하여 접견실에 있는 각종 무기가 될만한 도구들이 모두 치워졌다. 밖에는 여차하면 즉시 투입되기 위해 동료 교사들도 대기하였다. 만약 무력을 쓰는 경우 대항하지 말고 무조건 밖으로 뛰어 도망치라는 사전 지시를 다시 한번 마음속에 되새김질하며 뛰쳐나가기 좋은 출입구 위치에 앉았다. 몸 밖으로 심장이 튀어나올 것 같았다.

손에 고소장을 휘날리며 나타난 그 아버지는 잘못하면 주먹으로 칠 기세였다. 눈을 부라리며 고래고래 함성으로 기선을 제압하기 시작하더니 이내 자신의 정당함을 설파하기 시작했다. 그때였다. 이상하리만큼 침착해진 상태에서 오히려 그 아버지의 두려움이 내 눈에 읽혔다. 과도한 방어기제. 이는 곧 약하다는 뜻이다. 게다가 바로 며칠 전, 전문 코치 자격증을 손에 쥔 내가 아닌가. 차분하게 상황을 이끌어가면서 코칭 기법으로 그 아버지와 대화를 시작했다.

"아버님, 아버님께서도 아이가 이렇게 막무가내일 때 얼마나 당황하셨겠어요? 아버님도 급작스럽게 어머님과 헤어지시고 힘드신데, 아이들까지 다 맡아 기르시면서 혼자 얼마나 애쓰셨을지 상상이 됩니다. 지금 경희가 잘 적응하기를 바라는 마음은 저도 같습니다."

급작스러운 이혼과 코로나 실직도 겹쳐서 아버지는 매우 불안한 상황이었다. 사고뭉치 딸 녀석이 아버지랑 싸우고 가출했다가 몇 달 못 버티고 다시 돌아오는 일이 반복되고 있었다. 아버지는 수년째 이어지는 부담스러운 상황에 우울증약을 복용하고 있다고 했다.

코칭 기법의 대화는 생각보다 강력했다. 그분의 입장이 되어 이야기를 들으며 자신의 어려움에 공감해주자, 죽일 듯 달려들던 기세를 꺾더니 갑자기 눈가를 적시며 무장해제를 했다. "사실, 제가 좀 흥분한 면도 있긴 합니다. 저는 아이가 학교를 또 그만두겠다고 할까 봐 그런 건데, 선생님 말씀을 듣고 보니 제가 오해한 것 같습니다. 이 고소장은 제가 여기서 찢어버리겠습니다."

그렇게 온 학교를 들썩인 사건이 다소 맥없이 끝났다. 극도의 공포감에서도 나를 지켜준 것은 중심을 잃지 않는 태도와 상대가 어떤 상황이든 경청하고 공감해주는 코칭 대화법이었다. 현장에 있다 보면 사람들이 자신의 내면을 들여다보지 못하고 현실 상황에 밀려 부유(浮流)하고 있는 모습을 자주 보게 된다. 아이들의 고통이 부모 자신의 문제와 절대 무관하지 않음을 늘 목격하는 생활이다. 학부모도 아이도 동시에 만나는 이 직업에서 나는 코칭을 배운 것이 얼마나 다행인지 느끼게 되었고 점차 아이들과의 대화에서 나도 모르게 코칭 질문으로 답을 찾도록 돕는 자신을 발견하게 되었다. 앞으로 이러한 문제에 놓여 있는 사람들을 도울 수 있는 나의 새로운 가능성을 찾았고 그렇게 조금씩 성장해나갔다.

CT를 찍어
드립니다

:
은퇴 리허설을 통해
스스로를 고용하는 삶을 준비하자.

 큰 수술을 잇달아 두 번이나 하면서 본의 아니게 시한부 인생을 사는 기분이다. 6개월마다 찍는 CT는 어째 좀처럼 익숙해지지 않는다. 터널같이 생긴 커다란 통 안에 들어가 투시를 위한 약품인 조영제를 팔뚝에 맞으면, 불 위에 올려진 오징어가 타들어 가듯이 순간 온몸에 열이 확 올라온다. '아, 그러고 보니 참, 내가 환자였지.' 새삼 현실 자각하는 순간이다.

숨 들이마시세요.
숨 쉬세요.

영혼 없이 계속 숨을 쉬라고 말하는 기계음 소리를 반복적으로 들으며 여러 가지 생각을 떠올린다. 자신이 겪는 어려움 앞에서 무력감을 느낄 때 사람들은 대개 부정적으로 된다. '이번 검사 결과가 나쁘면 나는 또다시 병원에 끌려 들어오게 될 텐데…' 나의 답답한 마음을 알기나 하듯, CT 속의 그녀는 숨을 자꾸 쉬라고 재촉하고 있다.

다음 학기에 또 수업할 수 없을지도 모른다.
준비되었는가?

검사 결과가 나오고 이상이 없으면 나는 다시 6개월의 수명을 선물 받는 기분으로 산다. 언제 그만두어도 후회가 없도록 살아야겠다는 생각에 애써 열심히 일하였다. 외부요인에 밀려 준비 없이 그만두는 것이 아니라, 때가 되어 쿨하게 "씨유 어게인!" 손을 흔들며 당당히 걸어 나가고 싶었다. 그러나 평생을 시간표에 짜인 일과로 살아온 나로서는, 정기적이며 명확한 스케줄이 없는 삶은 한 번도 살아 본 일이 없다. 휴식 시간도 시간표를 짜야 마음이 편했다. 그러니 잘 짜인 미래 설계는 더 말할 나위 없이 나에게 매우 중요한 요소였다.

"선생님은 그래도 저희 나이대보다는 연금이 좀 나오시잖아요. 그만두시면 쉬셔야죠! 평생 일했는데, 뭘 또 다른 일을 하려고 그러세요." 후배가 부러운 듯 말했다. 그러나 은퇴한 이후의 삶을 좀 더 구체적으로 시뮬레이션해볼 필요를 느꼈다. 연금으로 생활하며 쉴 것인가? 아니면 지속적인 사회생활을 하며 일을 할 것인가? 언론 매체들을 뒤져가며 각종 그럴싸한 해결책들을 들여다보았지만 뭔가 와닿지 않았다. 경제적인 것만이 문제가 아니다. 우두커니 앉아 그냥 시간을 흘려보내는 삶이란 생각만 해도 숨이 턱 막혔다. 이젠 늘어난 수명에 맞춰 75세까지 현역으로 일해야 한다고 떠들어대는 방송을 들으며 긴장이 되었다. 주변 사람들은 그냥 여행이나 다녀라, 아니다 평생 현역이다, 하면서 다양한 조언을 쏟아내고 있었다.

"수영아, 네가 정년퇴직해도 말이야, 엄마처럼 이렇게 90세까지 살다 보니 퇴직하고 30년 쉬어도 실컷 하고 싶은 것 다 할 수 있더라. 건강 유지 잘하고 정년퇴직까지 좀 버텨봐."

"선생님, 그리 바쁜데 뭘 하려고 생각하지 마시고요. 일단 나오세요. 나와야 시간이 생기고, 그래야 차근차근히 하실 일이 보이신다니까요!"

영미권 문화에서는 갭이어(Gap Year) 제도가 있다. 학업을 중단하거나 대학 가기 전에 자신이 하고 싶은 일을 하며 적성을 찾고 다양한 체험을 하며 앞으로의 진로를 결정하는 기간을 말한다. 주어지지 않는다면 스스로 갭이어를 적용하는 환경 세팅을 하는 수밖에 없다. 평생 학생들의 적성과 진로를 찾아주고, 대학 결정이라는 인생의 중요 요소에 관여한 나였지만, 정작 중이 제 머리를 못 깎고 있는 아이러니를 보니 학생들이나 나나 같은 처지임에는 분명하다. 그렇다면, 학생들이 학교를 졸업하고 상급학교로 진학하는 것처럼, 나도 은퇴가 아니라 다른 일로 옮겨가는 이직자로 생각하면 되지 않을까? 그렇다면 확실히 지금 갭이어 기간을 보내며 진로 탐색 중인 것이다. 그것은 곧 새로운 가능성에 대한 능동적인 준비이다.

은퇴는 멈춤(stop)이라는 생각이 든다. 하지만 이직이라면 스틸 고잉 온(still going on) 아닌가. 일의 행태를 바꾸고, 나에게 적절한 휴식도 보장하면서 내가 나를 고용하면 되는 상황을 스스로 만들 수 있다. 아쉽게도 나의 갭이어 기간은 따로 주어지지는 못했다. 일과 새로운 공부를 병행하려니 퇴근 후의 일상과 주말은 늘 반납 상태였다. 그러나 새로운 사람들을 만나고 가능성에 도전하니 나도 모르게 힘이 났다. 목적이 분명한 공부가 가져오는 효과이다. 코칭과 학습 상담, 퍼실리테이션, 디자인 씽킹 등 코칭을 베이스로 한 다른 공부로도 배움의 영역을 점차 확장해 나갔다. 그러다 보니 내가 원하는 것이 점점 명확해지기 시작했다.

새로운 배움이 전문성을 생성할 것.
선한 의지를 발휘하며 성장을 도울 것.
나의 커리어 경험이 지속해서 작용 가능할 것.

10대부터 90대까지 폭넓은 연령층을 아우르는 나의 인생이 아니던가. 수술 이후 다시 얻은 제2의 인생이지 않던가. 나 스스로 이러저러한 고민을 하면서 어둠 속에서 빛을 찾아 헤매던 경험을 해보니, 다른 사람들은 이런 어려움을 겪지 않게 해주고 싶다는 생각이 들었다. 사람들의 삶 속에서 수많은 선택과 결정을 할 때의 모호함을 명료하게 하는 일. 시행착오를 줄이고 기회비용을 많이 쓰지 않으면서 성공의 길로 이끄는 일. 답답한 통로에 갇혀 불안해하는 사람들을 편하게 해주는 일. 그런 일들이 어느덧 내가 앞으로 할 일이 되어가고 있었다.

그런 의미에서 나는 자신의 속을 알고 싶은 사람들의 CT 기기가 된다.

여러분,
숨 들이마시세요.
숨 쉬세요.

감옥 탈출

:
하고 싶은 일을 하면서
재밌게 성장할 수 있다.

인생 이모작으로서의 행보를 정하게 되면서 나를 둘러싼 환경을 다시 점검하게 되었다. 이미 나의 삶의 터에 교사 존중은 없어진 지 오래되었고 아이들도 점차 대담해져 갔다. 사회가 다변화되어 갈수록 업무에서도 까다롭고 복잡함이 더해갔다. 바로 옆 동료와 말 한마디 섞을 시간 없이 시계추같이 반복되는 바쁜 일상을 살고 있었다. 아이들을 성장시키고 의미 있는 일을 한다는 나의 본연의 사명은 빛을 잃어가고 나 자신도 막다른 골목에 다다른 느낌이었다. 나는 지쳐가고 있었다.

내 눈치를 살피던 딸내미가 걱정스러운 눈빛을 하며 물었다. "엄마, 요새 들어 계속 엄마에게서 힘들다는 소리를 많이 들어요. 엄마가 속한 곳이 더 이상 나 자신을 성장시키는 곳이 아니라면 앞길을 정말로 진지하게 생각해야 하는 때가 온 것 아녜요?"

"나 자신의 성장…, 나 자신의 성장."

두어 번 되뇌며 곱씹어본다. 나의 성장이란 도대체 무엇을 의미하는 거지?

'직업을 갖는다'라는 것의 의미는, 보수로 피드백 받는 것 말고도 그 안에서 자아실현의 의미를 포함하고 있다. 그러나 가장 중요한 것은 자신이 직업을 통해 구현하려고 하는 삶의 목표일 것이다. 나는 평생 가져온 직업을 통해 내가 사회에 필요한 일을 하고 있으며 가치를 더 만들어내는 일을 하고 싶다는 사명을 확인한 터이다.

그럼에도 불구하고, 시간이 갈수록 점점 방전된 배터리가 되어가는 기분이었다. 내가 지금 번아웃이 와서 이러는 걸 거야. 휴직하면서 좀 쉬면 나아지지 않을까? 하지만 다시 돌아온다 해도 환경이 달라질까?《누가 내 치즈를 옮겼을까?》(스펜서 존슨)라는 책에서 보듯, 매일 마주치는 치즈의 변화를 감지하고 신선한 치즈를 찾아 적극적으로 대응하는 생쥐의 모습을 생각하지 않을 수 없었다. 어차피 인생 이모작으로 새로운 영역에 진입해야 한다면 좀 더 빠른 시기여야 한다는 결론을 내었다.

은퇴 이후의 삶에 대한 정형화된 이미지는, 머리가 허연 백발의 노부부가 전부 일에서 떠나 여행을 다니거나 텃밭을 일구며 소소한 삶을 즐기는 것으로 그려진다. 매일 놀 수 있다니! 얼마나 판타스틱한 삶인가! 하지만 일할 수 있는 50대의 나이에 자기 자신을 마치 사용 연한이 다 지난 폐기물 취급하면서 벌써 모든 가능성에서 제외시켜 버리고 싶지는 않았다. 아직 나는 자유로운 발상이 가능하고, 트렌드에 뒤처지지 않으며, 자신의 콘텐츠를 직접 만들 수 있는 디지털 리터러시도 갖추고 있다!

머리로는 이렇게 매일 새로운 결심을 하면서도 막상 안정적인 상황을 벗어나기가 두려운 마음은 생각보다 컸고, 가보지 않은 미지의 세계에 도전하려면 나를 움직일 명분으로 더욱 확실한 것이 필요했다. 그렇게 혼자서 마음속의 변덕을 부리고 있을 때 ㈜씨크릿우먼 김영휴 대표님의 강의를 듣게 되었다. 전업주부로 살면서 남편에게 예속되는 것이 싫었던 대표님은 38세에 회사를 차리시고 성장시키며 올해 환갑에 이르기까지 달려왔다고 하였다. 이제는 본인의 사업에 그치지 않고 더 나아가 여자 사장들을 위한 사업가 교육을 무료로 시행하고 있다고도 말했다.

"저는 이제 올해 60세인데요. 저는 앞으로도 계속 일하면서 엄마가 60세 이후에 어떻게 또 성장해나갈지 자식들에게 보여주고 싶어요. 재밌지 않나요?"

지나가는 이 말에 나는 해답을 얻게 된 아르키메데스처럼 '유레카!'를 외쳤다. 역시 사업가의 시각인가. 자신의 앞에서 기다리고 있는 일들이 재밌을 것 같다니! 게다가 사회 공헌 사업이라니! 도전과 성장을 재밌게 받아들이는 그녀의 모습을 보며, 새로 결정하게 될 여러 선택의 갈림길에서 확신이 없던 나는 눈물이 터지고야 말았다.

바로 그거였다.

'하고 싶은 일을 하면서 재미있게 성장하기.'

이상하게도 나에게는 일의 선택에 있어 수익성 고려가 절대적인 요소로 작용하진 않았다. 그런 면에서 나는 확실히 멍청한 존재다. 그러면 어떤 일이 설레는가? 나를 움직이는 것은 바로 사명감! 누가 나로 인해 바뀌는 변화에 보람을 느끼고 이런 장면에서 도파민을 방출한다. 바로 그것에 집중하는 삶을 사는 것이 내가 하고 싶은 일인 것이다. 정확히 무엇을 원하고 어떤 일을 할 수 있는가? 그것을 확실하게 아는 것이 이직에 앞서 해야 할 일인 것이다.

인생에서 가장 잘 보이고 싶은 나의 자식 앞에서도 성장하는 모습을 멈추지 않는 것. 그것이 나를 움직이게 하는 가장 큰 동력이자, 엄마로서 인생 선배로서 이루고 싶은 일이라는 것을 깨달았다. 그걸 그동안 잊고, 방송이나 전문가들이 나와서 한다는 소리에 매몰되어 은퇴자금이 얼마나 들지 계산하고 그걸 만들려면 또 어떤 일을 해야 하는지 복잡하게 생각했던 것이다. 자신에게 맞는 옷을 입을 때 맵시가 잘 나는 것처럼, 일에도 자기 적성이 있고 그걸 진정성 있게 해낼 때 능력이 최대로 발휘된다는 평범한 진실을 그동안 간과했다. 나는 지금, 그것을 준비하는 '결정적 시기'에 있는 것이다.

자기 일을 신명 나게 하면, 경제적인 결과는 부수적으로 따라온다. 세상에는 무엇이든지 사물이나 상황을 관통하는 근본의 진리가 존재한다. 가슴 깊은 곳에서 통하는 어떤 에너지의 교환이 일어날 때 사람들은 말로 표현하지 않아도 그 깊은 울림을 동시에 느끼게 된다. 그런 게 작동하는 직업으로 인생을 살아가는 것. 그것이 내가 갈 길이라는 생각을 하였다.

한계를 누가 결정한다는 말인가?

못한다고 생각하는 '감옥'에서 나와, 자신의 정수(精髓)를 꺼내라.

내가 하고 싶고 마음이 움직이는 일을 신나게 준비해 나가라.

작은 거인들

:
내 주변의 모든 사람을
나의 성장 자원으로 만들자.

코로나가 막 시작되었을 무렵, 집단 감염 소식과 환자들이 연신 시신으로 문밖에 실려 나오는 장면의 뉴스가 공포를 부추기고 있었다. 밖을 나가 돌아다닌다는 것은 자살행위나 마찬가지였다. 모든 소통의 문이 닫히고 집에만 칩거해야 했다. 이 시기를 어떻게 보낼지 답답해하던 중, 때마침 눈에 띈 정소

령 작가의 온라인 글쓰기 소모임이 매력 있게 다가왔다. 코로나라 어수선한 때 근원 모를 불안을 잠재울 요량이었다.

큰 기대 없이 시작한 글쓰기는 내 인생을 새로운 계기로 이끌어 주었다. 나의 삶을 총체적으로 돌아보게 하였고, 내가 글로 이야기를 풀어내는 재주가 있다는 사실도 알게 해주었다. 어릴 때부터 내 주변엔 이야기에 호응해주는 이들이 많았는데, 글쓰기 모임을 하면서 그것이 '매우 특별한' 재주임을 처음으로 깨닫게 된 것이다.

어느 날 정 작가에게서 연락이 왔다.

"선생님, 직장인 주말 글쓰기 모임 공지가 올라왔는데, 해보실래요?"

"하필 지금 너무 바쁜 때인데, 글을 쓸 수 있을까요?"

"도전해보시죠. 할까 말까 망설일 때는 그냥 저지르는 겁니다."

작가가 되고 싶다는 꿈을 이미 알고 있는 그녀가 다시 슬그머니 내 궁둥이를 밀었다. 그렇게 해서 지금 이 글을 쓰고 있는 출판 프로젝트에까지 흘러들어오게 되었다. 그러나 막상 와보니 단순 직장인이 아니라 여성창업가 글쓰기 모임이라는 사실을 확인하고는 잠시 망설이게 되었다. 창업? 나 지금 창업하는 것 맞나? 잠시 고민했으나 이내 나 자신을 창업가로 만들 운명의 기회가 기가 막히게도 적시에 내게로 온 거라 생각하기로 했다. 코치도 1인 기업이고 그렇다면 창업자가 맞긴 하니까 말이다. 모든 것에 우연은 없다는 신기한 생각이 들었다.

"안녕하세요?"

첫날 모임에 이제 대학을 갓 졸업했을 법한 여리여리한 모습들로 하나둘씩 나타난 회사 대표님들을 보고, 순간 어안이 벙벙해졌다. '아니 저렇게 젊은 사람들이 사업을?' 사업체 운영 경험들이 있어서 그런지 자기표현도 분명하고 어려운 상황에 대한 돌파력과 단단한 내공이 느껴졌다. 글을 쓴다는 것은 자신의 내면을 드러내지 않고는 성립되지 않는다. 우리는 글을 쓰기 시작하면서 서로의 글들을 통해 내면을 보게 되었고 그러면서 점차 서로를 이해하고 응원해 나가기 시작했다. 안정된 일자리를 박차고 나가는 것이 두려우면서도 새로운 일들에 대해 도전하고 싶은 내게 그들이 말했다.

"실패는 당연히 발생합니다."
"뭐…, 하도 실패를 반복해서…, 특별하지도 않아요. 이젠."
"선생님의 두려움이 이해돼요. 하지만 작은 행동을 하셔야 변화가 일어나요."

젊은 분들이지만, 이미 이룬 경험을 통해 나의 멘토가 되어주는 장면이었다.

"정말 대단해. 다 네 나이 또래인데 이미 사업한 지 오래되었더라고. 엄마가 고민하는 것들을 시원하게 정리해준다니까! 무슨 거인 앞에 서 있는 기분이야!" 다소 격양된 어조로 말하는 나에게 딸이 대답하였다. "글쎄, 그럴 수 있지. 음, 그런데 엄마, 생각해보면 거인이 뭐 대단한 건가? 나보다 키가 한 뼘 정도 더 큰 사람이랄까? 누구에게나 다 배울 점이 있잖아요. 나보다 좀 더 경험하고 고민해 본 사람들이 거인 아닐까?"

내 주변은 그렇다면 온갖 거인들의 왕국이다. 부족할 때 손을 내어주어 더 큰 세상으로 돌다리를 건너도록 돕는다. 뭐니 뭐니 해도 가장 큰 도움을 준 분은 나를 코칭의 세계로 이끈 김희진 루다코치이다. 그녀도 처음 온라인 강의에서 만났다.

"선생님은 확실히 아이들을 오래 가르쳐온 삶에서 느껴지는 내공과 진정성이 느껴져요. 그 코어 콘텐츠(core contents)를 살리세요. 본인의 적성에도 너무 잘 맞는 일로 생각됩니다." 강점 진단 후, 루다코치는 특유의 카리스마를 풍기며 조심스럽게 말을 건넸다. 강점 코칭으로 신세계에 안내된 나는, 자연스럽게 강점 코칭 공부에 입문하게 되었다. 누가 알았겠는가? 한

번 받은 코칭이 인연으로까지 연결될 줄을! 루다코치님은 이후 나의 삶의 커리어 맵을 함께 작성하며, 디자인씽킹 퍼실레이터로서의 커리어까지 본격적인 코치의 길로 이끌어 주고 계시다.

생면부지의 관계에서 만나 어느덧 나의 담임 선생님이 되어 지속적으로 도와주시고 있다는 사실을 알았을 때, '아! 나도 학생에서 더 나아가 이 세상 누군가의 담임 선생님이 되어 도움을 줄 수 있지 않을까?'라는 깨달음이 왔다. 그것은 은퇴가 아니라 오히려 인생 무대의 확장 아닌가! 인생이라는 학교의 조력자가 되어, 보이지 않는 벽에 막혀서 고민에 빠진 사람들에게 나도 코치님과 같은 존재가 될 수 있다니 생각만 해도 가슴 벅차지 않은가!

수년 동안, 나를 탐구하고 꾸준히 작은 시도를 거듭할 때마다 계속 새로운 사람들을 만났다. 그것이 현재의 나를 움직이게 한 원동력이 되었다. 안정적인 틀 안에서 나와 밖으로 첫 발자국을 떼는 것이 두려운 초보자들은 주변에 자신에게 용기를 주고 이끌어 주며 때로는 쓴소리를 해줄 수 있는 사람들이 더욱 필요하다. 혼자서는 어렵다. 자꾸 익숙한 상태로 돌아가려는 복원력 때문이다.

내 삶이 그러했듯, 지금 이 시각에도 수많은 사람이 자신의 불확실한 미래를 고민하고 무엇을 해야 할지 막막해하고 있다. 그런 사람들에게 진정성을 가진 삶의 가이드가 될 준비를 하며 오늘도 옷매무새를 단정히 다듬는다.

늘 같은 공간에서 나와 비슷한 생각을 하는 사람들만 만난다면 변화는 어렵다. 새로운 질문을 할 필요가 없으니 당연한 일이다. 새로운 가능성을 시도해보고 싶다면 내 공간 밖으로 벗어나라. 손을 뻗어 자신의 삶을 충실히 살아내는 작은 거인들을 만나라. 새로운 기회를 충분히 경험하다 보면 이제는 어느덧 누군가의 손을 잡아주고 있는 나 자신도 발견하게 될 것이다.

자리에서 일어나 걸음마를 떼어보니 그동안 보이지 않던 새로운 지평(地平)이 눈앞에 펼쳐져 있음을 보게 되었다.

에필로그

오래전, 서예 작품전을 준비할 때의 일입니다. 스승님께서 전시회에 출품할 최종 작품을 선정하라고 하셨습니다. 그러나 아무리 봐도 어떤 글씨가 더 잘 쓴 것인지를 결정할 수가 없었습니다. 백발의 노스승은 그럴 줄 알았다는 듯이 작품을 벽에 모두 걸도록 지시하셨습니다. 그리고 멀찌감치 떨어져서 보라고 하십니다. 욕심내서 연습한 작품들은 길이도 길고 크기도 커서, 글씨도 잘 써야 했지만 무엇보다도 전체적인 비율이 잘 맞아야 했습니다. 한참을 망설이자, 결국 스승님께서 하나의 작품을 낙점해 주셨습니다. 이때 하신 말씀은 "여백을 보라."였습니다. 글씨에만 집중하니, 여백과의 조화로운 균형이 보이지 않았던 겁니다.

글쓰기 모임에 참석하기 위해 카페 하스카에 모인 첫날.

여성이라는 공통점 외에는 나이, 환경, 경험, 성격이 모두 다른 사람들이 모였음을 알게 되었습니다. 그러나 모임이 회차를 거듭해 가면서 이내 곧 인생을 풀어가는 공통된 특징을 알 수 있었으니, 이는 바로 '도전'을 멈추지 않는 것이었습니다.

내가 살아온 인생의 사건들은 나만 볼 수 있는 주관적 세계입니다. 그러나 글을 쓰면서 자신의 삶을 객관화 할 수 있었고, 멀리서 작품을 바라보듯 나의 삶의 이유와 의미가 여백의 미를 더하여 주는 것을 느낄 수 있었습니다. 내 인생에 돋보기를 대는 순간, 각자 쉽지 않았던 아픔들도 마주해야 했으나, 공감과 포용으로 못난 모습까지도 인정하고 토닥여주는 서로의 모습 속에서 새로운 용기와 함께 서로의 인생에 격려를 보내고 응원하는 깊은 경험도 하게 되었습니다. 그것은 곧 치유이기도 했습니다.

독립출판 프로젝트는 여태까지 경험한 것과는 다른 새로운 체험으로써 당연하게 흘러가던 일상에서 충분히 청량제가 되어주었고, 이러한 모든 중심축에 이 모임을 주관하고 진행해온 문화기획자 장효선 대표가 있었기에 가능한 일이었습니다. 또한 기획, 홍보, 마케팅, 디자인, 사진, 영상 등 모든 일에 대해 적극적인 역할 분담을 스스로 감당해낸 구성원들 덕분에 새롭고 설레는 도전을 함께하고 있음을 생생히 느낄 수 있었습니다. 추진력의 달인인 30대분들과, 백오피스에서 총괄하며 노련함을 발휘하는 40대분들 속에서 글을 쓰며 미래의 삶에 함께 몰입할 수 있는 기회를 가졌던 것은 분명한 행운의 시간이었습니다.

저희가 겪어낸 삶이 누군가에게 작은 돌다리가 되어주길 바라는 마음에서, 날것 그대로 진솔하게 말씀드렸음을 고백합니다. 이 책이 누가 시켜서 정하는 수동적인 삶이 아니라 삶의 주체자로서 스스로 나아가고 싶은 젊은 청년들에게 미래를 만드는 촉진제가 되어주길 바랍니다. 또 아이를 키우며 자신의 커리어는 깊이 묻어두어야 했던 분들의 실현 가능한 유혹이 되길 기대합니다. 그리고 커리어 전환을 앞두고 당장 무엇을 해야 할지, 정말 해낼 수는 있을지 의문을 가진 분들에게 등대가 되길 희망합니다.

글을 썼지만, 유려한 글솜씨를 자랑하려고 쓴 글이 아니기에 삐뚤빼뚤 서투를 수도 있고 마음에 흡족하지 않을 수도 있습니다. 그 여백을 독자 여러분들께서 함께 만들어 주시리라 믿습니다. 여덟 개의 봉우리처럼 각기 다른 모습으로 펼쳐진 저희 삶의 풍경들이 용기가 필요하고 박수가 필요한 독자 여러분들에게 새로운 영감을 드릴 수 있길 기대합니다.

이 책이 나오기까지 도움을 주신 멘토님들께 감사드리며, 오늘도 삶의 주인공으로 하루하루를 열심히 살아내고 있는 이 시대를 살아가는 모든 예비 창업인들에게 응원의 박수를 보냅니다.

2023년 8월.

도전을 멈추지 않는 8인의 작가들을 대표하여

김수영 드림

시작이 어려운 그대에게

1판 1쇄 펴낸날 2023년 9월 15일

지은이 박주현, 홍재원, 조인아, 황나겸, 장효선, 김우정, 한가나, 김수영
펴낸이 장효선

펴낸곳 퍼플쉽
출판등록 2023년 1월 13일(제2023-000007호)
주소 서울시 서초구 신반포로 47길 9-11
인스타 @purpleship.haskka
E-mail purpleship@gmail.com
ISBN 979-11-983463-1-5 03800

이 책은 저작권법에 따라 보호받는 저작물이므로 무단전재와 복제를 금합니다.
잘못된 책은 구입하신 곳에서 교환하여 드립니다.